SAGGEZZE

Volumi pubblicati
nella collana Saggezze:

Buddha, *Vincere il dolore*
Chuang-tzu, *La calma*
Cicerone, *L'arte di comunicare*
Confucio, *La felicità consapevole*
Erasmo, *Contro la guerra*
Gibran, *L'educazione del cuore*
Krishnamurti, *Liberarsi dai condizionamenti*
Lao-tzu, *La naturalezza*
Lucrezio, *Vivere laico*
Marco Aurelio, *La libertà interiore*
Montaigne, *Il benessere fisico e spirituale*
Montessori, *Educare alla libertà*
Ovidio, *Insegnamenti d'amore*
Pascal, *Dio o il mondo?*
Platone, *L'anima*
Plutarco, *Per un parlare efficace*
Rumi, *Ascolta la musica dell'anima*
Schopenhauer, *Consigli sulla felicità*
Seneca, *La serenità*
Steiner, *L'educazione dei figli*
Tagore, *La religione della gioia*

Ovidio

Insegnamenti d'amore

A cura di Paolo Marsich

OSCAR MONDADORI

I edizione Oscar varia ottobre 2008

ISBN 978-88-04-58203-8

Questo volume è stato stampato
presso Mondadori Printing S.p.A.
Stabilimento NSM - Cles (TN)
Stampato in Italia. Printed in Italy

www.librimondadori.it

Introduzione

L'amore si può insegnare? Scegliendo di scrivere un'*ars amatoria*, cioè un manuale o raccolta di precetti "tecnici" (*téchne* in greco è il corrispettivo di *ars* in latino) su una materia sfuggente, soggettiva e per definizione refrattaria a regole e classificazioni come l'amore, Ovidio – poeta latino vissuto nell'età di Augusto, tra I secolo a.C. e I d.C. – sapeva bene di procedere a un'operazione originale e quasi paradossale. Come ci dice lui stesso nel corso dell'opera (e di quella sorta di continuazione che sono i *Remedia amoris*, libretto di consigli su come guarire dalle sofferenze amorose), l'amore è infatti un'esperienza individuale, che ciascuno deve vivere sulla propria pelle e a proprio rischio; tuttavia è, allo stesso tempo, un'esperienza universale, che accomuna donne e uomini di età, epoche e luoghi diversi, come dimostrano i frequentissimi esempi che Ovidio inserisce a scopo paradigmatico nel discorso, tratti dalla mitologia greca da lui così amata (pochi anni dopo la stesura dell'*Ars amatoria* Ovidio avrebbe condensato la sua vastissima erudizione mitologica nel poema-capolavoro, le *Metamorfosi*). Preso atto dunque che, come Ovidio tende a precisare più volte nei suoi versi, ogni amore è a sé e che, quante sono le persone, altrettante sono le possibili tecniche di seduzione, le forme di convivenza o i modi per tentare di disamorarsi, è altrettanto vero che in amore vi sono alcune costanti, alcune fasi tipiche e inevitabili come l'attrazione, la costruzione del rapporto, l'abbandono, e alcuni elementi costitutivi e universali come il sesso, la gelosia, i tradimenti, le riconciliazioni, per i quali sembra legittimo individuare delle leggi e tentare delle definizioni con cui ciascuno possa confrontare la propria personale esperienza, per riuscire a comprenderla e a conoscersi meglio.

Ovidio si trova così a coniugare quasi provocatoriamente la componente soggettiva e particolare dell'amore, espressa per tradizione dal genere della lirica (e più precisamente, al suo tempo, dall'elegia, che nell'età augustea viveva a Roma la sua massima fioritura con autori come Cornelio Gallo, Tibullo e Properzio, ai quali Ovidio concede l'omaggio di una citazione nei *Remedia*, presentandosi come loro continuatore) con quella universale, descrivibile nei termini sentenziosi e prescrittivi del poema didascalico, che aveva a Roma illustri precedenti in Lucrezio e Virgilio (entrambi presenti a Ovidio soprattutto per le loro considerazioni sull'amore) e che comporta inevitabilmente, con la formulazione di massime di carattere generale, anche alcuni luoghi comuni; soprattutto nella prima parte dell'*Ars*, quella rivolta ai giovani maschi aspiranti seduttori, Ovidio ribadisce stereotipi come l'idea per cui «non c'è donna che non possa essere conquistata», o la convinzione che deve essere «il maschio a fare il primo passo» e che con le donne occorre un po' di prepotenza, giacché «è frequente che esse affermino di aver concesso controvoglia ciò che in realtà anche a loro ha procurato piacere» e anche perché «nell'impudenza del maschio esse vedono una sorta di riconoscimento del proprio fascino». Tali generalizzazioni, in particolare la teoria della maggiore vulnerabilità sentimentale delle donne («la femmina non riesce a difendersi dalle fiamme e dalle frecce crudeli scagliate dall'arco di Amore») e della loro impossibilità di dominare le passioni («la libidine femminile è più acuta della nostra e più irrazionale»), sono quelle che oggi possono dare l'impressione di un'opera datata e che hanno spesso prevalso nella ricezione del testo, attirando su Ovidio la facile accusa di superficialità e di misoginia; accusa che, però, non regge a una lettura completa e non preconcetta del libro – ben più moderno e attento di quanto si creda alla psicologia umana, femminile in particolare –, e non tiene conto dell'ironia, chiave di interpretazione essenziale per un'opera eclettica, innovativa e per molti aspetti ludica come l'*Ars amatoria*, destinata a quegli ambienti mondani, colti e raffinati dell'alta società romana della prima età imperiale che il poeta frequentava di buon grado.

Il gioco e l'ironia compaiono sin dai primi versi, dove l'autore, facendo una sorta di parodia dei solenni e seriosi proemi poetici tradizionali, ci spiega come la sua opera non sia frutto dell'ispirazione divina e delle Muse, ma di una personale militanza amorosa, cioè della propria esperienza, ora piacevole ora sofferta, in materia di amore e sessualità; di tale esperienza Ovidio intende rendere partecipe il lettore, nella convinzione che sia utile – se non addirittura nobile – che chi ha "provato" l'amore nelle sue varie forme e fasi lo "insegni" altruisticamente agli altri, per renderli più forti e consapevoli. Se dunque il destinatario dichiarato e privilegiato dell'*Ars* è l'amante alle prime armi, bisognoso di insegnamenti ed esortazioni (Ovidio alterna liberamente nel corso del testo un "tu" e un "voi" che corrispondono ai suoi immaginari giovani discenti, maschi o femmine a seconda della parte dell'opera), il discorso è in realtà rivolto a tutti, nel senso che, proprio perché in amore non si impara mai abbastanza, anche l'adulto che lo ha già sperimentato, quando lo vive ritorna a essere un principiante.

Lo stesso Ovidio, intervenendo in più occasioni con accenni autobiografici ironici ma a tratti anche malinconici, si presenta talvolta come maldestro o impreparato, e arriva perfino a esprimere qualche perplessità circa i propri consigli: «non sono all'altezza dei miei stessi insegnamenti» confessa, ad esempio, subito dopo aver raccomandato la tolleranza di fronte a occasionali tradimenti del partner pur di far durare una relazione a cui si tiene; in altri momenti il poeta ammette le proprie debolezze, come quando, al termine di una persuasiva serie di argomentazioni sull'opportunità di troncare in tempo una relazione della quale si intuiscono le dolorose prospettive, osserva che «siccome siamo molto sensibili ai piaceri del sesso, ogni volta diciamo: "Posso lasciarla anche domani, è la stessa cosa"», oppure quando, analizzando dal punto di vista della donna la differenza tra l'amante giovane e quello maturo, sembra immedesimarsi con amarezza in quest'ultimo, facendo notare come costui «sopporterà con equilibrio le ferite crudeli dell'amore e brucerà – ahimè – a fuoco lento, come fieno bagnato».

Attraverso un'ampia e variegata casistica di comportamenti umani e puntuali definizioni delle pulsioni, delle ambiguità e delle fragilità che caratterizzano le relazioni amorose di ogni tempo, Ovidio ci insegna dunque a dare un nome alle nostre emozioni e alle nostre esperienze in un campo, come quello dei sentimenti e del sesso, in cui erroneamente si pensa di dover procedere da autodidatti e in cui spesso si ascoltano con sufficienza consigli e insegnamenti, poiché tutti crediamo nell'unicità delle nostre sensazioni, delle nostre passioni e del nostro dolore.

Quella di Ovidio si rivela così una sorta di educazione sentimentale e sessuale di cui sembriamo aver bisogno tanto più oggi, in una società solo apparentemente disinibita, emancipata e laicizzata, in cui la sessualità è da un lato facilmente e ampiamente esibita, fatta oggetto di attenzione costante (e morbosa: si pensi allo spazio che il sesso ottiene sui media, dalla cronaca rosa a quella nera, fino alle interferenze con la politica), ma di fatto vissuta in forme spesso distorte, represse o alienate, come dimostrano il larghissimo consumo della pornografia e la crescente diffusione del sesso virtuale (in chatline, con webcam e così via). Tale contraddizione è ancora più evidente in quei giovani a cui Ovidio si proponeva come insegnante d'amore, i quali, quanto più oggi appaiono e vogliono apparire disinibiti (arrivando a utilizzare in forme sessuali con disinvoltura talora sconcertante – stando ai fatti di cronaca – le nuove tecnologie, dal videofonino al web), tanto meno si rivelano informati e consapevoli (come emerge non solo dalle apposite inchieste su temi quali l'identità sessuale o la contraccezione, ma soprattutto dai frequenti episodi di bullismo a sfondo sessuale e di violenza che coinvolgono minorenni); un analfabetismo emotivo che non sorprende, se si pensa a come le giovani generazioni vengano iper-sollecitate e dis-educate in materia di erotismo dai media e dalla pubblicità (molto spesso i soli e imbattibili soggetti "pedagogici" sul tema), i quali propongono della sessualità un'immagine standardizzata, mercificata e consumistica, e abituano a una spettacolarizzazione dei sentimenti che prevede esibizionismo, artificio e simulazione.

Si potrebbe obiettare che anche Ovidio insegnava l'arte della simulazione in ambito erotico (è rimasta celebre dell'*Ars amatoria* l'espressione *fallĭte fallentes*, l'invito cioè a non farsi alcuno scrupolo a ingannare le donne «ingannatrici» per sedurle, essendo questo «l'unico caso in cui l'inganno è più onorevole della sincerità»), ma quello che nell'*Ars* è un gioco intelligente tra amanti consapevoli, il cui fine ultimo resta pur sempre un amore pieno, reciproco e soddisfacente per entrambi i partner, e dunque una conoscenza autentica dell'altro, nell'immaginario contemporaneo sembra essere sostituito da un'effimera competizione esibizionistica, secondo un'idea dell'erotismo come ostentazione di sé, in cui l'approccio tra i sessi si riduce a un appagamento del proprio narcisistico bisogno di apparire e in cui ciascuno rimane chiuso in se stesso, in uno sterile autocompiacimento.

Da questa concezione superficialmente edonistica dell'eros Ovidio è più distante di quanto si creda: dopo la distinzione iniziale tra la donna «da possedere una volta sola» e quella «che vorrai tenere per sempre con te», egli sembra concentrare il proprio sforzo pedagogico in vista di «un amore che sia duraturo»; parla di appagamento sessuale fine a se stesso ma sempre in contrapposizione a una relazione più ricca e autentica, come quando invita a sfogare il «primo» istinto con partner occasionali solo al fine di non farsi soggiogare dal troppo amore per la stessa donna; condanna i «seduttori di professione» che si inventano conquiste di cui non sono capaci e rovinano la reputazione delle ragazze («se non riescono ad avere i loro corpi, si impossessano dei loro nomi»), e più in generale manifesta disprezzo per ogni forma di ostentazione in ambito erotico, esaltando la discrezione («per quanto mi riguarda, io parlo con molta prudenza dei miei amori, nonostante siano veri») e condannando la tendenza all'esibizionismo e alla volgarità – così simile a quella odierna – che riscontrava già nella sua epoca e che sarebbe divenuta, di lì a poco, cifra estetica della Roma imperiale («oggi invece mettiamo delle insegne sui nostri atti notturni e ci sobbarchiamo grandi spese purché se ne parli»).

È vero che per l'esteriorità Ovidio manifesta una grande attenzione, mostrandosi in questo più che mai attuale, e che dichiara esplicitamente la propria soddisfazione per il fatto di vivere in un'età agiata e di progresso materiale («la nostalgia per i gusti di un tempo la lascio ad altri, io sono contento di essere nato in questa epoca [...] perché quella rozzezza che era sopravvissuta ai nostri antenati adesso non c'è più») ma, a parte il fatto che – rispettando un *tópos* letterario – egli si dimostra consapevole delle contraddizioni di tale agiatezza e dei costi umani e naturali del benessere (si pensi all'accenno velatamente polemico alle «perle preziose fatte venire da spiagge esotiche» e «ai marmi ricavati dalle cave che consumano i monti»), va sottolineato che il poeta dichiara più volte il proprio disgusto per l'ostentazione del lusso, come emerge nei suoi consigli estetici alle donne («il lusso con cui credete di sedurci, spesso ci fa scappare»), e per il consumismo volgare («non è stupido dichiarare il proprio reddito attraverso ciò che si indossa?»). In tal senso vanno visti anche la riflessione – ovvia ma tanto più significativa in un testo del genere – sulla fugacità della bellezza («la bellezza è un bene delicato, che diminuisce col passare degli anni e viene consumato dal suo stesso durare») e il conseguente invito a coltivare anche la componente spirituale e intellettuale della persona («solo l'intelligenza può sopravvivere al fuoco che tutto consuma [...]; cerca di essere qualcosa di più che un corpo!»).

Alla decadenza dei tempi, sorprendentemente in linea con quella contemporanea, Ovidio fa riferimento in più occasioni, ad esempio quando osserva che l'immoralità non consiste tanto nella ricerca del piacere – legittima a suo giudizio – e nei tradimenti sessuali – secondo lui inevitabili, comprensibili e perdonabili –, ma semmai nella mancanza di schiettezza che caratterizza i rapporti umani («amicizia e lealtà oggi sono parole vuote») e nell'egoismo dominante nella società («oggi conta solo la furbizia: ciascuno pensa esclusivamente al proprio piacere, e se lo gode anche a prezzo del dolore altrui»). Ancora più attinenti alla nostra epoca sono le sarcastiche constatazioni che Ovidio fa a proposito del disprezzo in cui è caduta la cultura e della priorità assoluta riservata al denaro («ahimè, la poesia ormai non è tenuta in gran considerazione! Si lodano i versi ma si desiderano i regali»); tali pessimistiche considerazioni, peraltro, non suscitano l'impressione di un gratuito moralismo, sia perché vengono sempre coerentemente ricondotte alla tematica erotica dell'opera, come quando Ovidio disillude il giovane seduttore avvertendolo che «oggi anche l'ignorante piace, purché sia ricco», sia perché sono spesso formulate con leggerezza e ironia, come nell'attualissima figura della bella seduttrice la quale, non sapendo esprimersi correttamente, finisce per guastare la propria immagine a causa dell'ignoranza («quanto può essere dannoso, anche per una donna molto bella, un linguaggio scorretto!»).

Superficialità solo apparente, dunque, quella del discorso ovidiano, come apparente e virtuale si rivela la trasgressione tanto sbandierata dei libertini contemporanei i quali, di fronte a certe considerazioni svolte nell'*Ars amatoria*, probabilmente risulterebbero molto più conformisti di quanto non vogliano sembrare. Viene da chiedersi, ad esempio, quanto possano essere serenamente tollerate nella nostra società le negative considerazioni fatte da Ovidio sul matrimonio, e quanto possa essere davvero accettata, al di là delle tendenze pubblicizzate dai media, la coppia di cui egli parla e di cui – come dichiara esplicitamente nel testo – è stato protagonista. La relazione amorosa descritta e indicata come esemplare nell'*Ars amatoria*, infatti, è una relazione extraconiugale, in cui la donna – preferibilmente maggiore di età rispetto al partner e per questo più libera ed esperta in ambito sessuale – è sposata e convivente con un altro uomo, e in cui entrambi gli amanti possono occasionalmente avere altre avventure – a patto di non ammetterle mai, come raccomanda ripetutamente Ovidio («lascia che i tradimenti restino nascosti, in modo che lei non debba perdere del tutto il pudore confessando l'infedeltà») –, prevedendo con intelligenza e tolleranza la possibilità del tradimento, senza scivolare in squallide rimostranze (come quelle che il poeta ammette e si pente di aver fatto di fronte alle affettuosità dovute dalla sua amante al marito). Una relazione segreta e libera da vincoli, dunque, che tuttavia prevede le attenzioni, le rinunce e perfino l'aspirazione a una solida continuità proprie di una coppia ufficiale; per Ovidio, anzi, un rapporto del genere è molto più riuscito e sicuro di quello coniugale, poiché poggia su una libera scelta costantemente rinnovata («vi siete trovati nello stesso letto non per un vincolo di legge: la sola legge per voi è l'amore»), esclude la possibilità delle recriminazioni caratteristiche del matrimonio («i litigi sono la dote delle spose») nel quale – osserva – le mogli non vengono amate perché «i mariti possono averle ogni volta che lo desiderano», e ha come obiettivo la reciproca soddisfazione, non solo sessuale («sia sempre felice del tuo arrivo» raccomanda il poeta all'allievo a proposito dell'amante).

Sembra così che Ovidio voglia delineare una sorta di amore perfetto, fatto di libertà e armonia ma anche di tenerezza, complicità e impegno: tutta la seconda parte dell'*Ars amatoria*, infatti, è finalizzata a trasformare la mera conquista in una relazione appagante e duratura («non credere che l'arte di trattenere ciò che si è conquistato sia meno preziosa rispetto all'abilità di conquistare»), nella consapevolezza che, se per sedurre a volte basta il caso, per far crescere una relazione occorrono le proprie doti personali e una cura costante del rapporto di coppia. Chi vuole essere amato, spiega Ovidio, deve innanzitutto essere amabile (*ut ameris, amabilis esto,* recita un'altra celebre *sententia* dell'*Ars*) e quindi non affidarsi ad artifici o a pratiche ridicole come la magia (si pensi, invece, alla sconsolante fortuna che incontrano nella "progredita" società contemporanea metodi de-responsabilizzanti come la consultazione di sedicenti maghi e di oroscopi, proprio e soprattutto in materia sentimentale), bensì impegnarsi a migliorare se stesso e a conoscere un po' alla volta e sempre più a fondo il partner; l'amore, cioè, è un percorso di lenta costruzione della confidenza e dell'intimità, che richiede pazienza e fatica, in cui si devono mettere in conto errori e delusioni («il piacere per gli amanti è solo una piccola parte: maggiori sono le sofferenze»), cosa che sembrano avere disimparato i frenetici e consumistici amatori di oggi, abituati a pretendere tutto e subito e incapaci di affrontare la prima difficoltà. Ovidio, in nome del buon gusto e della dignità personale – criteri che ispirano tutto il suo discorso –, depreca e ironizza sulle separazioni drastiche e spettacolari, oggi così diffuse, sostenendo che «non bisogna passare dal letto al tribunale» e osservando quanto sia «squallido che un uomo e una donna, uniti fino a poco prima, improvvisamente diventino due nemici»; una cosa sono, per Ovidio, gli amori appena nati, effimeri in quanto «sensibili a tutto», un'altra le relazioni profonde e durature, nelle quali si deve giungere perfino ad amare i difetti del partner («cerca di abituarti a ciò che non ti piace: finirà per piacerti»).

La modernità e la sensibilità della riflessione ovidiana sull'amore spiccano in particolare nella terza parte dell'*Ars amatoria*, quella rivolta espressamente alle donne. Se già nella conclusione della sezione precedente, dedicata alle tecniche per far durare una relazione, Ovidio procedeva a una descrizione dell'amplesso tutta incentrata sull'importanza di procurare piacere alla donna, qui egli esorta esplicitamente le proprie lettrici a concedersi la massima soddisfazione sessuale possibile, sottolineando come del sesso la femmina debba godere tanto quanto (*pariter* dice in latino) il maschio.

Tale parità viene rispettata anche nei maliziosi e ironici consigli alle donne su come praticare e celare eventuali tradimenti, consigli che Ovidio riconosce scherzosamente di fornire a proprio discapito («perché mi faccio male da solo con questi miei suggerimenti?») e nei quali emerge una visone autocritica del maschio, credulone e vanitoso («fateci credere – non è difficile – di essere molto amati»). Sulla vanità maschile Ovidio ritorna quando segnala alle donne i soggetti dei quali diffidare, dai seduttori professionisti ai cacciatori di dote, fino a quelli che con espressione di moda potremmo definire i *metrosexual*, maschi talmente attenti al look da rivelarsi per le donne un pessimo investimento («che cosa se ne fa la femmina di un maschio più curato di lei, che forse ha anche più uomini di lei?»).

A proposito delle tecniche per curare l'aspetto, e più precisamente degli accorgimenti estetici femminili, il poeta si dimostra molto documentato (al punto da scrivere anche i *Medicamina faciei femineae*, frivolo libretto dedicato all'arte cosmetica, di cento versi soltanto, che può essere considerato un'ulteriore appendice dell'*Ars amatoria*), indicando dettagliatamente i prodotti con i quali le donne possono correggere i difetti e valorizzare i pregi del volto o della capigliatura; anche in questo contesto Ovidio, pur valutando positivamente le opportunità che la condizione di agiatezza della società romana del tempo offriva alla donna di "costruire" la bellezza con artifici – dalle tinture per capelli importate dalla Germania alle parrucche – ed esortando le lettrici a non farsi scrupoli nell'avvalersene, ribadisce la propria preferenza per la sobrietà, come quando accenna al tipo di donna – oggi così frequente in tempi di chirurgia estetica – talmente artefatta che «finisce per essere la parte minore di se stessa». Tale invito alla misura e al buon gusto caratterizza tutta la minuziosa precettistica rivolta alle donne, dalle indicazioni sul modo di ridere – che non deve essere mai sguaiato –, a quelle su come mangiare durante un ricevimento – poco e con discrezione –, fino ai consigli sulla maniera di camminare, che deve essere una giusta via di mezzo tra l'incedere rozzo della «moglie del contadino» e la falcata spudorata e superba della *femme fatale*.

Particolare sensibilità esprimono, infine, le pagine tratte dai *Remedia amoris*, dedicate alle tecniche per prevenire le sofferenze amorose e per affrontare la conclusione di una relazione sentimentale: Ovidio, coerentemente con la concezione gioiosa e libera dell'amore proposta nell'*Ars*, invita a riconoscere e a distaccarsi per tempo da amori "malati", da relazioni che possono fagocitare e rendere prigionieri («è un valido proposito tentare di spegnere le fiamme crudeli e non rendere il cuore schiavo del suo vizio»), arrivando a giudicare un errore la scelta di annullarsi completamente nell'amore per un'unica persona, oppure a consigliare di frequentare fino all'eccesso la persona amata come tecnica per disamorarsi. È questa la parte in cui l'esperienza personale del poeta sembra emergere con più evidenza, come si evince dai toni a volte accorati e perfino stizziti con cui affronta la questione; ma è anche la parte che offre maggiori possibilità di identificazione al lettore di ogni tempo, il quale non può non trovare una forma di consolazione nel riscontrare come le proprie sofferenze siano comuni ad altri.

L'esperienza di riconoscersi nelle ora divertenti ora serie descrizioni e nelle incisive parole di un autore di duemila anni fa (proprio nell'8 d.C. Ovidio veniva esiliato sul Mar Nero, da dove non avrebbe più potuto fare ritorno a Roma) può dunque non solo aiutarci a relativizzare la percezione che abbiamo della nostra personale vita amorosa, ma forse perfino indurci a nutrire una maggiore simpatia per gli altri esseri umani, tutti eroi e vittime, che lo vogliano o no, di una medesima forza, esaltante e dolorosa, comunque ineludibile, come l'amore.

Paolo Marsich

Nota biografica

La vita di Ovidio è segnata da un unico episodio significativo e drammatico, la condanna nell'8 d.C., quando il poeta aveva superato i cinquant'anni, alla *relegatio* nella località di Tomi, oggi la città romena di Costanza, da parte di Ottaviano Augusto che ormai da un trentennio era il capo indiscusso dell'Impero romano. A differenza dell'*exilium*, la relegazione lasciava al condannato i beni e i diritti di cittadino, e dunque una maggiore speranza di essere richiamato a Roma, cosa che tuttavia non avvenne neanche sotto il principato di Tiberio, successore di Augusto dopo la morte di quest'ultimo avvenuta nel 14, nonostante l'impegno incessante in tal senso svolto dalla moglie di Ovidio, rimasta nella capitale con la figlia. Il poeta pertanto morì – presumibilmente nel 17 – sul Mar Nero, presso il «rozzo» popolo dei Geti, dei quali egli imparò la lingua e le usanze, come ci documentano le opere scritte nei lunghi anni di esilio. La relegazione presso una povera comunità di pescatori, in un luogo remoto e «barbarico», risultava tanto più punitiva per un uomo come Ovidio, cresciuto nella Roma ricca e mondana degli anni di benessere e di pace (la *pax augusta*) successivi alle guerre civili che avevano segnato la fine della *res publica* e la nascita del principato.

Le ragioni di questa condanna, mai del tutto chiarite, sono state un affascinante enigma per storici, filologi e persino romanzieri, e sollevano una questione estremamente importante quale quella del rapporto tra intellettuali e potere nel nuovo contesto sociale determinatosi dopo la fine della libertà repubblicana. Il caso di Ovidio dimostra infatti come, venuta meno la mediazione tra politica e cultura svolta nella prima fase del principato augusteo dal "primo ministro" di Ottaviano, il famoso Mecenate amico personale dei poeti Orazio e Virgilio, la sorte degli scrittori dipendeva ormai interamente dall'arbitrio dell'imperatore, il quale poteva decretare non solo l'allontanamento del letterato ma perfino la sua condanna a morte e la rimozione delle sue opere, come avvenne per quelle di Ovidio, fatte ritirare dalle biblioteche.

Il poeta stesso ci fa capire che a causa dell'*Ars amatoria*, così poco in linea con il rilancio delle tradizioni romane – e dunque della pudicizia femminile e del valore della famiglia – promosso dal regime augusteo, era stato accusato come *obscenii doctor adulterii* ("insegnante di immorale adulterio"); nelle "opere dell'esilio" – in prevalenza lettere in versi di tono malinconico e struggente (*Epistulae ex Ponto*, "Lettere dal Ponto", cioè il Mar Nero, e *Tristia*, "Tristezze"), contenenti elogi e preghiere alla corte imperiale per ottenere l'annullamento della condanna – Ovidio parla spesso del proprio caso, seppur nelle forme allusive che la sua condizione di esiliato imponeva, e indica la produzione poetica (*carmen*) come una di due colpe (*crimina*) all'origine della relegazione. Sull'altra espressione usata da Ovidio, *error*, si sono fatte diverse ipotesi, che convergono sulla probabilità di un coinvolgimento del poeta in uno scandalo di corte: in un passo dei *Tristia*, infatti, Ovidio si rammarica di aver visto qualcosa che non avrebbe dovuto o voluto vedere, diventando in qualche modo complice di una colpa, verosimilmente un adulterio della nipote di Augusto, Giulia, che nello stesso anno 8 d.C. fu relegata alle isole Tremiti.

Al momento della *relegatio* Ovidio era al culmine della propria carriera di scrittore, avendo appena composto la sua opera più impegnativa e famosa, le *Metamorfosi*, poema mitologico in quindici libri, vasto repertorio delle leggende della civiltà greca al quale nei secoli successivi hanno attinto moltissimi autori da Seneca a Dante, fino ad Alfieri e D'Annunzio.

Nelle opere giovanili Ovidio – che era arrivato a Roma per motivi di studio da Sulmona, dove era nato nel 43 a.C., un anno dopo l'uccisione di Cesare e alcuni mesi prima della morte di Cicerone – aveva già dimostrato il proprio gusto per la mitologia greca componendo le *Heroides*, immaginarie lettere d'amore scritte da eroine del mito quali Penelope, Didone, Arianna, ai propri uomini; allo stesso periodo risalgono anche gli *Amores*, raccolta di elegie per la donna amata che, secondo le regole del genere letterario introdotto a Roma da Catullo, viene indicata con uno pseudonimo, Corinna. La più riuscita delle opere elegiache resta in ogni caso la discussa ma subito molto apprezzata *Ars amatoria*, composta tra 1 a.C. e 1 d.C., cui seguirono come una sorta di appendice i *Remedia amoris* e i *Medicamina faciei femineae*.

Insegnamenti d'amore

I brani che seguono sono tratti dall'*Ars amatoria* e dai *Remedia amoris*. La traduzione è di Paolo Marsich.

COME SEDURRE LE DONNE

Ad amare si impara

Come c'è un'arte per navigare veloci con i remi o con le vele, e una per correre con i carri, così c'è un'arte anche per amare. Amore è un po' selvaggio e tende a fare resistenza, ma è un ragazzo, e proprio per la sua tenera età può ancora essere educato. Il collo del toro si piega all'aratro, le briglie vengono consumate dal dente del nobile cavallo: anche Amore dovrà cedere, per quanto si ostini a trafiggermi il petto con il suo arco e scagli le sue frecce infuocate contro di me. Quanto più mi trafigge, quanto più forte mi brucia, tanto più io mi vendicherò delle sue ferite.

Non mentirò dicendo che quest'arte me l'hai insegnata tu, Apollo, o che sono stato ispirato dal canto di un uccello in volo; e neppure racconterò, come il poeta Esiodo, che mi sono apparse le Muse mentre portavo al pascolo le greggi nella valle di Ascra: è l'esperienza a ispirare la mia opera. Date ascolto a un poeta che ha imparato l'amore: canterò cose vere.

Innanzitutto insegnerò come trovare la persona da amare, a te che ti accingi a combattere per la prima volta la guerra dell'amore; la fatica successiva sarà quella di riuscire a sedurre la ragazza che hai scelto; infine ti spiegherò in che modo si possa far durare l'amore.

Bisogna cercare l'amore

Finché ti è possibile andare qua e là, libero dalle briglie, scegli una donna a cui dire: "Tu sola mi piaci". Ma considera che questa non arriverà giù dal cielo, attraverso l'aria: la ragazza giusta devi cercartela con i tuoi occhi. Il cacciatore sa bene dove tendere le reti per catturare i cervi, o in quale valle si nasconda il rabbioso cinghiale; sono ben noti i cespugli a coloro che vanno a caccia di uccelli; e chi pesca con gli ami sa quali acque siano più ricche di pesci. Anche tu, allora, che cerchi l'occasione per un amore duraturo, devi prima imparare quali sono i luoghi più frequentati dalle donne.

Per cercare la tua ragazza non ti farò spiegare le vele al vento, e non dovrai compiere un lungo cammino per trovarla. Perseo andò a prendersi Andromeda fino dagli Indi scuri di pelle, e la greca Elena fu rapita da un uomo della Frigia, ma a te Roma offrirà così tante ragazze e così belle che dirai: "Questa città ha tutto ciò che c'è al mondo!". La tua città ha tante ragazze quanti sono i pesci che la superficie del mare ricopre, quanti gli uccelli nascosti tra le fronde, quante le stelle del cielo.

Se sei attratto dalle ragazze ancora in crescita, non mancherà certo di comparirtene una davanti; se le desideri giovani, ce ne sono migliaia che ti piaceranno, al punto che non saprai nemmeno tu quale vuoi; se poi per caso ti piace una donna più matura ed esperta, di queste – credimi – ce n'è una schiera ancora più fitta.

I luoghi di incontro

In piena estate puoi passeggiare lentamente all'ombra del portico di Pompeo, oppure lungo quello di Ottavia, l'edificio ricco di marmi pregiati posto accanto al Teatro Marcello; e non trascurare il portico, decorato con antichi dipinti, chiamato con il nome di Livia che lo fece costruire. Anche i fori – chi mai lo crederebbe? – si addicono agli incontri amorosi: spesso è capitato che nel rumoreggiante foro si accendesse la scintilla dell'amore.

Ma è soprattutto tra gli spalti del teatro che devi andare a caccia: lì troverai quella da amare o quella con cui potrai divertirti, quella da possedere una volta sola o quella che vorrai tenere per sempre con te. Come le formiche vanno avanti e indietro in lunga fila, trasportando con la bocca la consueta briciola di pane, o come le api, una volta che hanno trovato boschi adatti a loro e prati profumati, volano tra i fiori e il timo, così le donne più eleganti accorrono agli spettacoli affollati, al punto che spesso mi è capitato di indugiare nella scelta a causa della grande abbondanza. Ci vanno per guardare ma anche per essere guardate: il teatro comporta certamente dei rischi per il casto pudore delle donne!

Non ti sfuggano, poi, le corse dei cavalli; il Circo Massimo, che può ospitare tante persone, offre molte occasioni. Lì non c'è bisogno di mandare segnali segreti con le dita o di fare cenni con il capo per intendersi: puoi sederti vicino alla tua amata, senza che qualcuno te lo impedisca, e avvicinare al suo fianco il tuo quanto più riesci. La linea divisoria dei posti costringe a stare vicini, anche se non vuoi: è la natura stessa del luogo che ti impone di toccare la ragazza. A questo punto cercherai l'occasione per una conversazione amichevole e i temi più ovvi ti daranno uno spunto: fingi di voler sapere con precisione di chi siano i cavalli, e non esitare a tifare per quello per cui tifa lei, qualunque esso sia.

Efficaci attenzioni

Se, come accade, un po' di polvere sarà caduta sul suo grembo, dovrai spazzarla via con le dita, e se non ce ne sarà, spazzerai via il nulla: ogni occasione adatta al tuo proposito va colta. Se il mantello troppo lungo toccherà terra, afferralo premurosamente e sollevalo dalla strada: subito, come ricompensa, sarà concesso ai tuoi occhi di vederle le gambe, senza che lei si opponga.

Fai attenzione, inoltre, che nessuno seduto dietro a voi prema con le ginocchia la sua delicata schiena. Piccole attenzioni bastano a conquistare animi leggeri: a molti è stato utile il semplice atto di sistemare abilmente con la mano il cuscinetto su cui lei si siede; ma ha avuto efficacia anche il gesto di farle un po' d'aria sventolando leggermente la tavoletta del programma teatrale, o di collocare sotto i suoi morbidi piedi un piccolo sgabello.

Per una nuova conquista queste sono le occasioni che ti possono offrire il Circo Massimo, la cui sabbia è invece così pericolosa per i lottatori, e il foro gremito.

L'occasione delle feste

Anche i ricevimenti con le loro tavole imbandite offrono un'occasione d'incontro. C'è qualcos'altro, oltre al vino, che puoi ottenere da essi. Il vino apre gli animi e li rende pronti a infiammarsi, i tristi pensieri si allontanano e vengono dissolti dalle abbondanti bevute; subentrano le risate, anche la persona umile si fa orgogliosa, il dolore, le preoccupazioni e le rughe della fronte se ne vanno. A quel punto la schiettezza, sempre più rara ai nostri tempi, rende manifesti i veri sentimenti, poiché il dio Bacco rimuove dalla mente le ipocrisie.

Spesso è accaduto che alle feste le ragazze rapissero il cuore dei giovani: quando c'è di mezzo il vino, Venere è un fuoco che si aggiunge al fuoco. In questi casi, però, non fidarti troppo dell'ingannevole illuminazione notturna: l'oscurità e il buon vino ostacolano una giusta valutazione della bellezza. Fu alla luce e in pieno giorno che Paride osservò le dee e poi disse a Venere: «Sei più bella di entrambe, Afrodite». Di notte i difetti non appaiono e si passa sopra ogni imperfezione: quell'ora rende bella qualunque donna. Affidati dunque al giorno, per valutare l'aspetto e il corpo delle donne, così come fai per le pietre preziose o la lana tinta con la porpora.

Ogni donna può essere conquistata

Ora mi accingo a un'impresa che richiede una tecnica precisa: ti spiegherò con quali mezzi vada conquistata la donna che hai scelto. La prima convinzione che deve farsi strada nella tua mente è questa: non c'è donna che non possa essere conquistata. La conquisterai, purché tu sappia tendere le reti. Prima che una femmina, delicatamente tentata, rifiuti un giovane corteggiatore, taceranno gli uccelli in primavera, le cicale d'estate, e il miglior cane da caccia fuggirà davanti alla volpe; anche colei che tu credi non voglia, in realtà vuole. L'amore segreto piace alla donna come all'uomo, solo che il maschio dissimula male, mentre la femmina è più accorta nel celare i suoi desideri. E se per caso noi maschi decidessimo di non fare più il primo passo, la femmina, sconfitta, si assumerebbe la parte di chi prende l'iniziativa.

È la mucca che sui morbidi prati rivolge i suoi muggiti al toro, ed è la femmina che nitrisce al cavallo scalpitante. In noi maschi la passione è più contenuta, non altrettanto sfrenata: la nostra fiamma non oltrepassa il giusto limite. Devo forse richiamarti alla mente il caso di Biblide, la quale arse d'amore illecito per il fratello e pagò tale sacrilegio impiccandosi? O di Mirra, che amò il padre con una passione impropria per una figlia e ora, mutata in albero, è imprigionata dalla corteccia che la circonda? E che dire di Pasifae, la quale, nascostasi in una vacca di legno, si fece ingravidare dal toro, come dimostra il figlio che generò, il Minotauro? Tutte queste vicende furono originate dalla libidine femminile, che è più acuta della nostra e più irrazionale.

Coraggio, allora, non esitare a convincerti di poterle possedere tutte quante. A malapena ce ne sarà una, tra le tante, che ti rifiuterà. Ci sono quelle che si concedono e quelle che si negano: tutte, però, si compiacciono di essere corteggiate. Se poi dovessi fallire, non può accaderti nulla di grave. Ma perché dovresti fallire, visto che un nuovo piacere è sempre gradito e che le cose altrui sono sempre più attraenti delle proprie? Nei terreni degli altri il suolo è sempre più fertile, come si dice, e la pecora del vicino ha sempre le mammelle più gonfie.

Attenzione alle spese

Il compleanno della tua amata sia motivo di sacro terrore, e il giorno in cui si deve fare un regalo sia per te il giorno più nero. Anche se sarai stato in guardia, qualcosa tuttavia lei saprà scucirti: la donna trova sempre il modo di ottenere doni dal suo desideroso amante. Uno sfacciato venditore ambulante si avvicinerà a lei, che è sempre pronta a comperare, e alla tua presenza le mostrerà le proprie merci; lei ti pregherà di dare solo un'occhiata, tanto per farti esprimere il tuo parere, ma poi comincerà a darti bacetti e infine ti chiederà di comperarle qualcosa. Giurerà che per gli anni a venire sarà appagata da quell'acquisto, dirà che quella cosa le serve subito e che è l'occasione giusta per comprarla. Se tirerai fuori la scusa di non avere soldi con te, ti pregherà di firmare una promessa di pagamento, così che ti maledirai per avere imparato a scrivere.

E che dire di quando ti chiede doni in cambio di una buona focaccia, o del fatto che è la sua festa ogni volta che vuole qualcosa? Che dire di quando piange afflitta per un danno che si è inventata, o di quando fa finta che le sia caduta la perla dell'orecchino? Sanno chiedere in prestito molti oggetti, e una volta che li hai prestati non intendono restituirteli: tu ci rimetti e non c'è alcuna ricompensa per il tuo danno. Non mi basterebbero dieci bocche con le relative lingue per raccontarti le maledette tecniche di quelle esperte meretrici!

L'arte di fare promesse

Se le scriverai delle lettere, esse siano piene di lusinghe e delle ingannevoli parole degli innamorati. Aggiungi – chiunque tu sia – molte preghiere: è con una preghiera che Priamo commosse Achille e ottenne da lui il corpo morto del figlio Ettore. Una voce supplicante piega anche il dio adirato.

Fai inoltre molte promesse: che male può farti promettere? Di promesse può essere generoso chiunque. La speranza resiste per lungo tempo, una volta che è stata concepita. È una dea ingannevole, certamente, ma adatta agli amanti.

Dopo che avrai fatto un dono alla tua amata, potrai essere lasciato per calcolo: il passato, infatti, avrà dato i suoi frutti, per lei, e ormai nulla potrà essere perduto. Invece finché non le avrai fatto doni, sembrerà sempre che tu sia sul punto di farne: da un campo sterile il contadino si illude sempre di poter ricavare qualcosa, e il giocatore è spinto dall'avidità a lanciare nuovamente i dadi, così che, nella speranza di non perdere, continua a perdere.

Il tuo primo obiettivo, dunque, sia tale; tutto il tuo impegno deve tendere a questo: sedurla senza averle donato nulla. Infatti, affinché non sembri che si è concessa gratis una volta, continuerà a concedersi.

Quali parole scrivere

Dissimula la tua abilità oratoria e non essere troppo eloquente davanti a lei; i tuoi discorsi evitino fastidiose espressioni ricercate. Chi mai, se non uno sciocco, farebbe una declamazione alla ragazza che vuole sedurre? Ma anche una lettera spesso è stata valido motivo di odio: il tuo stile perciò sia credibile, le tue parole siano comuni, per quanto seducenti, come se tu le stessi parlando di persona.

Se non accetta il tuo scritto e lo rimanda indietro senza averlo letto, continua a sperare che prima o poi vorrà leggerlo e tieni fermo il tuo proposito. Anche i giovani tori recalcitranti alla fine si rassegnano all'aratro, e i cavalli col tempo imparano a sopportare le briglie; perfino un anello di ferro si consuma a forza di usarlo e l'aratro ricurvo, continuando a fendere la terra, si logora. Che cosa c'è di più duro del sasso, e che cosa di più molle dell'acqua? Eppure i duri sassi sono levigati dalla morbida acqua. La stessa Penelope verrebbe sedotta, insistendo. E la città di Troia, per quanto tardi, alla fine è stata conquistata.

Se invece avrà letto ma non vorrà rispondere, non forzarla. Ti basti che legga e voglia rileggere le tue lusinghe. Se ha voluto rileggere, prima o poi vorrà anche rispondere a ciò che ha letto: queste cose si verificano col tempo e per gradi. Probabilmente la prima volta giungerà una risposta sgradita, in cui ti pregherà di lasciarla stare. Ma il fatto che chieda è segno che prova timore, e ciò che teme, in realtà, lo desidera, cioè che tu insista; dunque stalle dietro e in breve tempo vedrai appagato il tuo desiderio.

Gli approcci in pubblico

Se la incontri lungo la via mentre si fa trasportare, sdraiata sui cuscini, avvicinati con discrezione alla lettiga; affinché nessuno porga le sue moleste orecchie alle vostre parole, sii astuto ed esprimiti, per quanto possibile, in termini non troppo espliciti.

Se invece passeggia senza meta sotto il portico spazioso, affiancati a lei e mettiti anche tu a camminare lentamente: fai in modo ora di precederla, ora di restare indietro, affrettando il passo per poi rallentare. Non temere di oltrepassare le colonne centrali e di procedere parallelamente a lei.

Tra gli spalti del teatro non accada che si trovi, con tutta la sua bellezza, a sedere da sola: sia lei lo spettacolo, per te, e lascia che sopporti il peso della tua ammirazione. Ti volterai a guardarla, ti concederai di ammirarla e le farai capire molte cose con gli occhi e con cenni. Se l'attore, saltando, impersonerà una ragazza che danza, applaudirai e, se reciterà il ruolo di un innamorato, mostrerai tutta la tua approvazione. Alzati, quando lei si alzerà; resta seduto finché è seduta anche lei. Non ti dispiaccia perdere il tempo assecondando la volontà della tua amata.

La cura dell'aspetto

Non ti venga in mente di farti arricciare i capelli con il ferro, né di depilarti il corpo con la ruvida pomice: queste cose lasciale fare agli evirati devoti della dea Cibele, che intonano i loro ululati su ritmi originari della Frigia. Ai maschi non si addice un aspetto troppo curato. Teseo, che prese per sé la figlia di Minosse, non aveva certo i capelli raccolti sopra le tempie con una forcina; Ippolito, che fece innamorare la matrigna Fedra, era ben poco curato nell'aspetto; e Adone, che fu così caro alla dea Venere, era un giovane adatto alla selvaggia vita dei boschi.

I maschi piacciano soltanto per la pulizia e abbiano i corpi abbronzati da esercizio fisico svolto all'aperto; è sufficiente che la loro toga sia della giusta misura e priva di macchie, che i piedi non navighino in calzature troppo larghe, che il taglio dei capelli sia uniforme. Tanto la barba quanto i capelli siano tagliati da mano sicura; le unghie non siano lunghe né sporche, e non sporgano peli dalle narici. Non esca un alito cattivo dalla bocca maleodorante e il corpo non emetta l'odore sgradevole del guardiano di mandrie. Ma tutto il resto sia lasciato alle ragazze che vogliono sedurre o agli uomini a cui piacciono i maschi.

Il pallore degli innamorati

Il pallore del viso in un marinaio è insolito: deve essere scuro di pelle, per effetto del mare e del sole. Così anche il contadino, che tutto il giorno sta all'aperto a rivoltare la terra con il vomere ricurvo e i rastrelli pesanti. E pure tu, atleta, che gareggi per vincere la corona di Pallade Atena, risulteresti strano se avessi la pelle bianca.

L'innamorato, invece, sia pallido; è questo il colore adatto a chi ama, questo gli si addice, anche se molti credono che non serva. Orione vagava per i boschi pallido a causa dell'amore per Side, e pallido era Dafni a causa della ninfa Naiade, restia a ricambiarlo.

Anche un corpo emaciato potrà essere segno della tua passione, e non vergognarti di coprirti la testa con un cappuccio come fossi malato, nonostante i tuoi capelli lucenti. Le notti insonni, i pensieri e le pene che caratterizzano ogni grande amore, indeboliscono le forze dei giovani. Per realizzare il tuo desiderio, dunque, mostrati pure sofferente, in modo che chiunque ti veda possa dire: "Quello è innamorato!".

Utilità dei complimenti

È il momento di parlarle: lascia perdere il pudore, tipico di un tempo! La fortuna e l'amore aiutano gli audaci. Le cose da dire ti verranno facili anche senza queste mie regole: se la desideri davvero, sarai spontaneamente eloquente.

In ogni caso, dovrai recitare la parte dell'innamorato e con le parole riprodurne la sofferenza: qualsiasi mezzo è lecito, purché lei si convinca che la ami. Essere persuasivo non ti richiederà un grande sforzo: ogni donna è convinta di essere degna d'amore. Fosse anche la più brutta, non crederà mai di esserlo davvero. Ricordati però che spesso chi aveva cominciato fingendo, si è realmente innamorato, e quel sentimento che all'inizio era stato simulato, in seguito si è rivelato sincero. Perciò voi, ragazze, siate comprensive con i corteggiatori che fingono: quell'amore che poco prima era falso diventerà un amore vero.

Con lusinghe costanti potrai furtivamente conquistare il suo cuore, come la riva scoscesa del fiume viene erosa un po' alla volta dall'acqua che scorre. Non esitare, pertanto, a lodare il suo volto, i capelli, le dita affusolate e il piede aggraziato. I complimenti all'aspetto fisico fanno piacere anche alle ragazze caste: loro pure si preoccupano e si compiacciono della loro bellezza.

Legittime falsità

Non trattenerti nel promettere: le promesse attraggono le ragazze. E invoca a testimoni della tua promessa tutti gli dei che preferisci. Giove, dall'alto del cielo, sorride sugli spergiuri degli amanti e dà ordine a Eolo di renderli vani disperdendoli nel vento. Anch'egli del resto, nel fare false promesse a Giunone, giurava persino in nome dello Stige, il fiume infernale: è lui stesso dunque a sostenerci con il suo esempio.

Che gli dei esistano conviene e, visto che conviene, convinciamoci della loro esistenza: si facciano pure tutti i sacrifici rituali con incenso e vino. Gli dei infatti non vivono in una quiete tranquilla, simile al sonno, ma sono vicini a noi, e dunque bisogna comportarsi bene: i prestiti vanno restituiti, i patti rispettati, la frode evitata, le mani tenute pure da delitti. Ma delle donne – se siete furbi – prendetevi pure gioco, senza temere alcuna punizione: questo è l'unico caso in cui l'inganno è più onorevole della sincerità. Non abbiate timore di ingannare chi inganna. Si tratta per la maggior parte di una razza perfida: lasciamo che cadano nelle trappole che loro stesse hanno teso.

Anche le lacrime sono efficaci: con esse commuoverai persino la pietra più dura. Se riesci, fai in modo che la ragazza scorga le tue guance umide di pianto. Se non riesci, visto che le lacrime non vengono sempre al momento opportuno, puoi toccarti gli occhi con la mano bagnata.

Il momento del bacio

Quale uomo astuto non aggiungerebbe alle parole qualche bacio? Poniamo che lei non te ne dia: prenditeli da te. All'inizio probabilmente farà resistenza e ti dirà: "Maleducato!" ma, anche se si oppone, in realtà vuole essere vinta. Stai solo attento che i tuoi baci dati con forza non feriscano le sue morbide labbra e che non abbia a lamentarsi della loro durezza.

L'uomo che in qualche modo è riuscito a ottenere dei baci, se poi non ne ottiene altri, meriterebbe di perdere anche quelli che gli sono già stati dati. Quanto ci voleva per soddisfare pienamente il desiderio, una volta strappati i primi baci? Se uno non ci è riuscito, non è questione di pudore, secondo me, ma di stupidità. Chiamiamola pure violenza, se vuoi, ma è una violenza gradita alle donne; è frequente che esse affermino di aver concesso controvoglia ciò che in realtà anche a loro ha procurato piacere.

Le donne che sono state possedute con un assalto improvviso, ne hanno goduto: nell'impudenza del maschio esse vedono una sorta di riconoscimento del proprio fascino. Quelle che invece, potendo essere sedotte con un atto di forza, sono state lasciate andare inviolate, per quanto sul volto esprimano soddisfazione, saranno in realtà deluse.

Saper prendere l'iniziativa

È naturale che la donna provi un certo imbarazzo a prendere l'iniziativa, ed è altrettanto naturale che le risulti gradita l'iniziativa altrui. Nutre davvero un'eccessiva fiducia nel proprio fascino il giovane che aspetta che sia la femmina a esporsi per prima!

Sia il maschio a fare il primo passo, sia lui a pronunciare esplicitamente la richiesta; alla donna tocca accogliere cortesemente la lusinghiera proposta. Per poterla avere, devi pregarla: non vuole altro che essere pregata. Sei tu a dover trovare il pretesto e l'occasione per soddisfare il tuo desiderio. Giove si presentava supplichevole alle antiche eroine, ma nessuna giovane osò sedurre di propria iniziativa il grande Giove.

Se però avrai percepito che con altezzosità cerca di respingere le tue preghiere, desisti dal tuo proposito e ritirati. Molte donne desiderano chi fugge, mentre detestano chi insiste. Evitale il senso di fastidio, corteggiandola con delicatezza e senza insistenza.

Il desiderio sessuale non sempre deve essere apertamente dichiarato: l'amore si apre la strada anche mascherato da amicizia. Mi è capitato di vedere raggirate con questa tecnica le donne più sdegnose: colui che si era mostrato amico fedele con il tempo è diventato amante.

Per ogni donna c'è un modo

I tipi di donna sono molteplici: mille personalità diverse richiedono mille tecniche diverse di seduzione. Del resto anche la terra non genera ovunque i medesimi frutti: c'è quella adatta alle viti e quella adatta agli olivi, e un'altra dove cresce bene il grano. I caratteri al mondo sono tanti quante sono le facce: l'uomo accorto saprà adattarsi alle innumerevoli personalità, come Proteo: nelle acque leggere saprà essere fluido, in altri casi sarà un leone, o una pianta, o un irsuto cinghiale.

Ci sono punti del mare in cui i pesci si pescano con un retino, altri in cui si usano gli ami, altri ancora dove occorrono ampie reti da trascinare con la fune. E così, a seconda dell'età della donna, sarà necessario un approccio diverso: la cerva vecchia sa scorgere le insidie da lontano.

Se con una ragazza inesperta ti mostri troppo sicuro, oppure con una donna pudica ti comporti in modo sfacciato, fin da subito la tua preda si sentirà inadatta. Bisogna evitare che, a causa di un approccio sbagliato, quella che si era lasciata intimorire da un uomo perbene finisca poi per cadere tra le braccia di un uomo peggiore.

Meglio non fidarsi

Dovrei lamentarmi o piuttosto ammonirti per il fatto che ormai il lecito e l'illecito si confondono? "Amicizia" e "lealtà" oggi sono parole vuote. E dunque anche decantare con un amico la donna di cui sei innamorato non è sicuro. Quando si sarà convinto dei tuoi discorsi, vorrà provarci anche lui.

"Eppure" obietterai "Patroclo ebbe rispetto degli amori di Achille; con Piritoo Fedra rimase pudica; e Pilade amava Ermione dello stesso amore con cui Apollo amava la sorella Minerva, o Castore la sorella Elena." Se qualcuno spera che le cose oggi stiano ancora così, speri anche che i cespugli di tamerici producano frutti, o si metta a ricercare il miele nell'acqua del fiume! Oggi conta solo la furbizia: ciascuno pensa esclusivamente al proprio piacere, e se lo gode anche a prezzo del dolore altrui.

Ah, che squallore! Non è dal rivale che un innamorato si deve guardare: ormai sono quelli di cui ti fidi che vanno tenuti lontano; solo così sarai sicuro. Stai attento al parente, a tuo fratello, al tuo migliore amico: questo è il tipo di gente che faresti bene a temere.

COME FAR DURARE L'AMORE

L'amore è fuggevole

La preda agognata è caduta nelle reti: esulta! Anche Paride, ospite di Menelao ad Amicle, salpò esultante dopo avergli rapito la moglie Elena; ed esultante era Pelope mentre portava con sé Ippodamia sul carro con il quale aveva vinto la gara contro il padre di lei.

Ma non avere fretta, ragazzo! Se, seguendo i miei consigli, sei riuscito a conquistare la tua amata, ciò non è certo sufficiente: con le mie arti l'hai sedotta e ora con le mie arti dovrai imparare a trattenerla. Non credere che l'arte di trattenere ciò che si è conquistato sia meno preziosa rispetto all'abilità di conquistare: in quest'ultima c'entra anche il caso, in quella contano esclusivamente le proprie capacità.

Mi accingo dunque a trattare un tema importante, cioè con quali arti si possa tenere fermo Amore, che è un giovane smanioso di avventurarsi per il mondo: è leggero e dispone di due ali per volare, alle quali è difficile porre dei limiti. Minosse aveva sbarrato ogni via d'uscita ai suoi ospiti, Icaro e il padre, ma Dedalo seppe trovare abilmente, grazie alla costruzione delle ali, una via di fuga dal labirinto.

Inutilità della magia

Si inganna chi ricorre alle arti magiche, come somministrare filtri d'amore, affinché una relazione perduri. Non saranno le erbe orientali a tenere in vita l'amore, altrimenti Medea non avrebbe perso Giasone; non serviranno neppure le ammalianti litanie del popolo dei Marsi: se l'amore potesse essere preservato con il canto, Circe sarebbe riuscita a trattenere presso di sé Ulisse.

Non tentate dunque di somministrare alle donne intrugli che fanno impallidire: essi nuocciono alla mente e possono comportare la follia. Bando a sortilegi malvagi! Per essere amato devi essere amabile, e questa virtù non te la daranno l'aspetto fisico e la sola bellezza.

La bellezza non basta

Puoi essere bello come Nireo, decantato dal vecchio Omero, o come il giovane Ila, rapito per errore dalle Naiadi, ma per trattenere la tua amata devi aggiungere alle doti fisiche quelle della mente, altrimenti non stupirti se ti lascerà. La bellezza è un bene delicato, che diminuisce col passare degli anni e viene consumato dal suo stesso durare. Le viole e i gigli, dopo che si sono aperti, non restano in fiore per sempre, e una volta che la rosa è caduta, rimane solo la spina pungente. Così anche a te, bel giovane, i capelli diventeranno bianchi, e spunteranno le rughe a segnarti la pelle.

Impara, allora, a formare il tuo spirito, in modo che sappia resistere al tempo, e fai di esso un sostegno alla bellezza: solo l'intelligenza può sopravvivere al fuoco che tutto consuma. Non sia superficiale il tuo impegno nell'educare la mente alle più nobili discipline, impara a esprimerti nelle diverse lingue. Ulisse non era bello ma sapeva sedurre con la parola e, nonostante il suo aspetto, fece soffrire d'amore tanto Circe quanto la ninfa Calipso. Quante volte costei si dolse, vedendo che egli si affrettava per la partenza, e tentò di fermarlo, dicendogli che le condizioni del mare non erano adatte alla navigazione!

Dunque non confidare troppo nell'aspetto fisico, chiunque tu sia; cerca di essere qualcosa di più che un corpo!

La litigiosità si addice al matrimonio

Un atteggiamento accondiscendente è quello che più di tutti contribuisce a tenere vicino le persone, mentre la scontrosità suscita odio e dolorosi contrasti. Lo sparviero, che vive sempre pronto alla caccia, e i lupi, che sono soliti assalire il gregge inerme, ci risultano odiosi; la rondine, invece, non teme le insidie degli uomini, poiché è un animale mite, e come essa anche la colomba, che nidifica sulle torri.

Stiano lontani, dunque, i contrasti e i duri discorsi che fanno male: l'amore è tenero e va nutrito con dolci parole. Le donne sposate facciano pure fuggire i propri uomini con continui litigi, e a loro volta i mariti allontanino le mogli, convinti che si debba sempre discutere su ogni cosa. Questo è ciò che si addice ai matrimoni: i litigi sono la dote delle spose.

L'amante, invece, ascolti sempre e solo parole che desidera ascoltare. Vi siete trovati nello stesso letto non per un vincolo di legge: la sola legge per voi è l'amore. Alla tua donna rivolgi solo carezzevoli lusinghe e parole che danno piacere all'orecchio, affinché sia sempre felice del tuo arrivo.

L'arte di amare non serve ai ricchi

Non mi propongo come maestro d'amore per i ricchi: non ha bisogno dei miei insegnamenti colui che è sempre in grado di fare doni. Chi può dire "prendi" in qualsiasi momento, ha già la sua arte, e di fronte a lui mi arrendo: egli piace più di tutte le mie trovate. Io sono una guida per i poveri, poiché io stesso da povero ho amato: non potendo fare regali, donavo parole. Il povero deve essere accorto quando ama, stare attento a ciò che dice e tollerare cose che i ricchi non sono costretti a sopportare.

Ricordo che una volta, in preda all'ira, scompigliai l'acconciatura alla mia amante. Quanti giorni felici mi sottrasse quello scatto di collera! Non credo di averle strappato la veste, in quell'occasione, o comunque non me ne accorsi, ma lei così disse e dovetti ricomprarne un'altra a mie spese.

Voi, però, siate sensati: evitate di commettere i miei stessi errori e di subire i danni di cui fui io solo il responsabile. La guerra si fa con i nemici: con la preziosa amante vi siano sempre la pace, il divertimento e tutto ciò che contribuisce a tenere vivo l'amore.

Il valore della cultura

Il mio consiglio è di non fare doni eccessivi all'amante: meglio regali poco costosi ma scelti con intelligenza. Puoi anche mandarle semplicemente dei fiori, per dimostrarle che la stai pensando.

Dovrei consigliarti anche di dedicarle dei dolci versi d'amore? Ahimè, la poesia ormai non è tenuta in gran considerazione! Si lodano i versi ma si desiderano i regali. Oggi anche l'ignorante piace, purché sia ricco. È decisamente l'età dell'oro, la nostra: con l'oro si ottiene il prestigio, con l'oro ci si procura l'amore. Potresti comparire perfino tu in persona, Omero, accompagnato dalle Muse, ma se non avrai niente di prezioso in mano, verrai respinto.

Ci sono tuttavia anche ragazze colte – in quantità sempre minore, a dire il vero –, e quelle che non sono colte ma che vogliono apparire tali. Sia alle une che alle altre si rivolgano i tuoi versi, di qualunque valore essi siano: un esperto lettore li valorizzerà, recitandoli con eleganza. Forse la poesia che, stando sveglio tutta la notte, avrai composta per una di loro, sarà apprezzata come un piccolo regalo.

L'amore si addice al poeta

I regali li faccia chi è ricco; chi pratica il diritto, assista come avvocato e con l'eloquenza sostenga la sua cliente nel foro; noi scriviamo poesia e dunque è la poesia che dobbiamo donare. Siamo la categoria più di tutte portata per l'amore. Noi poeti diffondiamo ovunque l'elogio della bellezza che ci ha sedotti.

Ricordati che i sacri poeti sono estranei a truffe e raggiri; la nostra arte ci plasma secondo i suoi principi. L'ambizione politica e l'avidità di denaro non ci sfiorano, trascuriamo il foro e amiamo soltanto il letto e l'oscurità. Ci innamoriamo facilmente, bruciamo di un'ardente passione e sappiamo essere fin troppo fedeli in amore.

La poesia è un'arte mite, che rende miti anche noi: le nostre maniere sono conformi ai nostri studi. Siate ben disposte verso i poeti, ragazze: in essi c'è un'ispirazione divina e le Muse li assistono. Dentro di noi c'è un dio e siamo in contatto con il cielo: è dalle sedi celesti che ci giunge l'ispirazione.

Che follia aspettarsi una ricompensa dai dotti poeti! Eppure non c'è ragazza – povero me – che non la commetta!

La pazienza viene premiata

Se la tua donna non sarà affettuosa e gentile con te, che invece la ami, sopporta e resisti: prima o poi si ammorbidirà. Il ramo dell'albero, se viene piegato con cautela, si curva, ma se su di esso metti alla prova la tua forza, si spezza. Con la cautela puoi nuotare nell'acqua, ma se nuoti controcorrente non potrai attraversare il fiume. Con la cautela si riescono a domare le tigri e i leoni dell'Africa, e un po' alla volta anche il toro si lascia soggiogare.

Chi mai fu più selvaggia di Atalanta, cresciuta nei boschi dell'Arcadia? Eppure anche quella fiera creatura ha finito per cedere al paziente corteggiamento di un uomo.

Raccontano che Melanione si ritirasse spesso nel bosco a piangere la propria sorte e i modi distaccati della ragazza. Spesso, per assecondarla, andò a caccia, portando al collo le reti insidiose per gli animali, e si trovò a conficcare la dura lancia nei feroci cinghiali; si scontrò anche con il crudele Ileo, che lo ferì con l'arco, ma ben più nota gli era la freccia di Amore.

Non ti sto dicendo che dovrai, come lui, inerpicarti armato lungo i pendii boscosi del monte Menalo, portando al collo le reti per la caccia, o che dovrai offrire il tuo petto alle frecce: l'arte della pazienza, che ti sto insegnando, è faticosa ma più piacevole.

Saper essere servili

Se lei resiste, cedi sempre per primo: alla fine sarai tu il vincitore. Recita le parti che lei ti chiede di recitare. Quando lei esprime delle critiche, critica anche tu; qualunque cosa lei apprezzi, apprezzala. Afferma ciò che afferma lei, nega ciò che nega lei. Se ride, ridi anche tu; se piange, cerca di piangere. Se ha voglia di giocare e lancia con la mano i dadi d'avorio, tu gettali male e accetta di perdere.

Reggi tu l'ombrellino con cui si ripara dal sole, e aprile il cammino in mezzo alla folla verso il luogo in cui è diretta. Non esitare ad accostare lo sgabello al suo letto e ad allacciarle o slacciarle il sandalo dal piede. Spesso dovrai scaldare sul tuo petto le sue mani intirizzite, anche se tu stesso tremerai per il freddo. E non considerare vergognoso – se lo è, comunque ti piacerà – tenerle sollevato lo specchio come fossi uno schiavo. Sembra che Eracle, quando era prigioniero della regina di Lidia, abbia portato il cesto di lavoro insieme alle ragazze della Ionia e abbia lavorato la lana grezza: se l'eroe di Tirinto ha obbedito alla sua padrona in questo modo, non vorrai rifiutarti di sopportare quello che ha sopportato lui?

Se l'amata ti ha chiesto di incontrarvi al foro, fai sempre in modo di arrivare in anticipo, e, se non verrà, vattene solo quando sarà ormai tardi. Se ti ha detto di presentarti in qualche luogo, rimanda tutti i tuoi impegni e precipitati là: che nessuno intralci la tua corsa. Se dovesse mandarti a chiamare perché deve rientrare a casa di notte, dopo una festa, accetta anche in quel caso di sostituirti al servo. E se, mentre si trova in campagna, ti chiede di raggiungerla e tu non hai il carro, ricordati che Amore non tollera i pigri: mettiti in cammino e non farti scoraggiare dal brutto tempo, dal caldo soffocante o dalla neve che ricopre di bianco la strada.

Nessuna viltà in amore

È una sorta di guerra, l'amore: chi è vile, si ritiri. Le sue insegne non possono essere difese da uomini pavidi. Il suo accampamento è piacevole, ma comporta veglie, inverni, lunghe marce, feroci dolori e ogni sorta di fatica; dovrai sopportare spesso la pioggia che cade incessante dal cielo, e giacere infreddolito sulla nuda terra.

Per punizione il dio Apollo, a quanto si dice, portò al pascolo le vacche di Admeto, re di Fere, e si rintanò in una modesta dimora. Chi oserà disdegnare ciò che parve degno a Febo? Se hai a cuore che l'amore duri, chiunque tu sia, lascia da parte l'orgoglio.

Se ti sarà impedito di procedere per una via piana e sicura, e ti sarà chiusa in faccia la porta con una serratura blindata, calati dall'alto attraverso un'apertura del tetto o entra di nascosto da un'alta finestra. Non potrà che fare piacere, alla tua donna, accorgersi di essere il motivo per cui affronti ogni sorta di pericolo: questa sarà per lei la prova di un amore autentico.

Molte volte, Leandro, avresti potuto fare a meno di raggiungere la tua amata al di là dell'Ellesponto: e invece lo attraversavi ogni notte a nuoto, affinché lei fosse sicura dei tuoi sentimenti.

Non lesinare i complimenti

Se ti sta davvero a cuore tenerti vicino la tua donna, fai in modo che ti creda sempre rapito dalla sua bellezza. Se avrà una veste di porpora di Tiro, loderai il mantello di porpora; se indosserà il lino di Cos, apprezzerai il lino. È piena di oro addosso? Dille che per te è più preziosa dell'oro. Se si copre con un panno pesante, tu mostra di apprezzare che l'abbia indossato. Ti si presenterà con una tunica leggera? Esclamerai: "Mi accendi di desiderio!"; e subito dopo, un po' preoccupato, aggiungerai che stia attenta al freddo. Porterà i capelli con la riga in mezzo? E tu apprezzerai la riga. Se li sarà arricciati col ferro? Ricciolo, mi piaci proprio!

Quando danza, ammirerai i suoi movimenti; quando canta, ammirerai la sua voce e troverai parole di rammarico se smetterà. Potrai lodare anche i vostri stessi amplessi e il piacere che vi date di notte. Anche se la tua donna fosse più aggressiva della torva Medusa, sarà ben disposta e riconoscente verso un innamorato che la sa elogiare.

Devi però stare bene attento a non apparire falso nelle tue parole, a non contraddirle con l'espressione del volto. Queste tecniche sono efficaci solo se non risultano tali; smascherate, ti procurano soltanto vergogna e ti tolgono per sempre credibilità.

La presenza rafforza l'amore

Finché l'amore, ancora giovane, procede incerto, ha bisogno di consolidarsi con un'assidua frequentazione: se lo nutrirai bene, col tempo diventerà saldo. Quel toro che ora temi, prima era un vitello che accarezzavi; l'albero all'ombra del quale ora ti riposi, è stato un virgulto; un fiume alla fonte è un ruscello, ma scorrendo acquista forza e, dovunque passa, si ingrossa con l'acqua degli affluenti.

Fai perciò in modo che lei si abitui a te. Niente è più forte della familiarità: per conseguirla non devi evitare alcuno sforzo. Ti veda di continuo, ascolti sempre la tua voce, abbia sempre davanti a sé la tua immagine, notte e giorno.

Quando sarai abbastanza sicuro che possa venirti a cercare e che la tua assenza sia per lei motivo di preoccupazione, concedile una tregua: un campo, lasciato riposare, dà una resa maggiore, e un terreno inaridito assorbe avidamente l'acqua che cade dal cielo. Fillide, finché ebbe Demofoonte accanto a sé, lo amò con moderazione; arse d'amore dopo che egli fu partito. Durante l'assenza dell'astuto Ulisse Penelope si tormentava, e così facevi tu, Laodamia, senza il tuo Protesilao.

L'assenza sia breve

Solo l'assenza di breve durata è sicura. La preoccupazione, col passare del tempo, si attenua; l'assente a un certo punto svanisce e si fa strada un nuovo amore.

Durante la lunga assenza di Menelao, una notte Elena, per non dormire sola, fu accolta dal caldo abbraccio dell'ospite. Come puoi stupirti di ciò, Menelao? Eri partito da solo, mentre tua moglie e Paride erano sotto lo stesso tetto. È come affidare stupidamente le timide colombe a uno sparviero, o un ovile pieno di pecore al lupo dei monti. Non è di Elena la colpa, né di questo amante, che ha fatto ciò che tu e chiunque altro avreste fatto.

Se offri un luogo e un'occasione, sei tu stesso a provocare l'adulterio. Che cosa potremmo dire se non che la ragazza ha semplicemente seguito il tuo consiglio? E che cosa dovrebbe fare? Il suo uomo è assente, un ospite per nulla sgradevole è lì vicino e lei non se la sente di dormire sola in un letto vuoto.

Se la veda Menelao! Per quanto mi riguarda, Elena è innocente: ha soltanto approfittato dell'occasione offertale da un marito ingenuo.

Nascondere i tradimenti

Né il fulvo cinghiale nel pieno dell'ira, quando fa roteare con la bocca vorticosa i cani feroci che ha catturato, né la leonessa minacciata mentre offre le mammelle ai suoi cuccioli avidi di latte, né la corta vipera se viene inavvertitamente calpestata, sono tanto furiosi quanto la donna che ha sorpreso la rivale nel letto del proprio compagno: brucia di rabbia, porta visibili in volto i segni della sua ira, corre alle armi o al fuoco e, abbandonato ogni ritegno, si lascia trascinare come una baccante colpita dal dio Dioniso. La straniera Medea si vendicò del tradimento di Giasone e della violazione dei patti matrimoniali uccidendo i figli; e così fece Procne, tramutata nel pettirosso che ora vedi davanti a te: guardalo, ha il petto macchiato di sangue.

È il tradimento a spezzare anche i legami più stretti, gli amori più solidi. L'uomo prudente dovrà dunque evitare errori di tal genere. Non intendo, con questo mio richiamo da censore, dire che bisogna dedicarsi a una donna soltanto. Gli dei ci concedano di meglio! Perfino le donne sposate difficilmente si attengono a questa regola. Divertitevi pure, ma la colpa rimanga nascosta con la giusta discrezione. Non bisogna vantarsi dei propri peccati.

Come non farsi scoprire

Non devi fare regali che l'altra possa riconoscere, e non vi siano orari fissi per la tua infedeltà. Se non vuoi che la tua donna ti colga sul fatto nell'alcova a lei nota, non dovrai dare appuntamento alle tue amanti sempre nel medesimo posto. Ogni volta che le scrivi, rileggi attentamente il testo: molte donne riescono a leggere nelle parole di un uomo più di quanto vi sia.

Venere, quando viene offesa, risponde con una guerra legittima e restituisce il colpo, facendoti provare la stessa sofferenza di cui un attimo prima ha sofferto lei. Finché Agamennone si accontentò di una sola donna, anche Clitemnestra rimase fedele. Fu l'infedeltà di lui a renderla impudica: per vendicarsi del marito traditore, accolse Egisto nel proprio letto.

Per quanto tu sia stato prudente, può tuttavia accadere che i tuoi tradimenti vengano scoperti. In tal caso devi negare risolutamente, anche se essi sono evidenti, e stare attento a non apparire più disponibile e gentile del solito: atteggiamenti del genere sono le prove di un animo colpevole.

Soprattutto non dovrai risparmiarti nel sesso: la pace con la tua donna può ritornare soltanto grazie a quello. Il tradimento appena compiuto va smentito portandola a letto.

Quando suscitare la gelosia

Tu, che poco fa occultavi dietro mio consiglio le tue infedeltà, ora cambia rotta e, sempre per mio consiglio, lasciale intravedere. Non accusarmi di incoerenza: anche la nave dalla carena ricurva non trasporta i passeggeri sempre con il medesimo vento: ora infatti siamo spinti da Borea, che soffia dalla Tracia, ora da Euro; molte volte le vele si gonfiano per lo Zefiro, molte altre per il Noto. E osserva come nella corsa l'auriga in certi momenti allenti le briglie, in altri freni ad arte i cavalli che galoppano.

Vi sono donne alle quali la fedele condiscendenza del maschio non piace: se non avvertono la presenza di una rivale, la loro passione si allenta. Del resto, quando le cose vanno bene, gli animi in genere si lasciano andare agli eccessi; non è facile vivere il benessere con equilibrio.

Il fuoco, consumandosi gradualmente, si affievolisce e tende a scomparire, ma sotto la cenere che si fa bianca è ancora vivo; infatti, non appena si aggiunge dello zolfo, esso recupera immediatamente le fiamme che erano estinte e ritorna la luce che c'era prima. Allo stesso modo, quando la passione si intorpidisce nell'indolenza a causa della consuetudine e della tranquillità, l'amore va ravvivato con stimoli adeguati. Fai dunque in modo che lei abbia qualche timore riguardo a te, e riscalda così il suo interesse raffreddato; deve impallidire al sospetto della tua infedeltà.

Il piacere della riconciliazione

Infinitamente beato l'uomo del quale la ragazza, sentendosi tradita, si lamenta! Non appena a lei, misera, giungono all'orecchio contro la sua volontà voci su un tradimento, si sente mancare e le vengono meno il colore del viso e la parola. Vorrei essere io quello a cui, furibonda, strapperà i capelli, quello a cui graffierà le morbide guance con le unghie, quello che lei guarderà piangendo e scruterà con occhio adirato, quello a cui vorrebbe rinunciare ma senza il quale non può vivere.

Se mi chiedi per quanto tempo dovrai lasciarla inveire, ti rispondo che deve essere poco, per evitare che l'ira, protraendosi, si rafforzi. Quasi subito dovrai cingerle il candido collo con le braccia e stringerla al petto mentre sta piangendo; e proprio mentre piange devi darle baci e fare l'amore con lei. Farete la pace; solo così verrà spenta la sua rabbia. Dopo che la donna si è sfogata, quando ormai appare come una nemica dichiarata, proprio allora tu cerca l'accordo portandola a letto: si calmerà. È lì che, deposte le armi, abita la concordia; è lì – credimi – che nasce la riconciliazione.

Inevitabili sofferenze

Non sempre i solchi del campo rendono come si era sperato durante la semina, né il vento è sempre favorevole alle imbarcazioni che hanno perso la rotta. Il piacere per gli amanti è solo una piccola parte: maggiori sono le sofferenze. Essi devono sapere da subito che dovranno sopportarne molte. Quante sono le lepri sul monte Athos, quante le api sui prati dei monti Iblei, quante le verdi olive sull'albero sacro ad Atena, quante le conchiglie sulla spiaggia, tante sono le pene che procura l'amore; e le spine con cui esso ci ferisce sono piene di fiele.

Ti verrà detto che è uscita mentre tu hai visto che è in casa? Convinciti che è fuori e che hai visto male. La notte in cui ti era stato promesso un incontro troverai la porta chiusa? Sopporta di restare sdraiato sulla terra sudicia.

Probabilmente una serva bugiarda con tono altezzoso ti dirà: "Perché questo qui intralcia il nostro ingresso?". Tu non vergognarti di rivolgere preghiere alla porta stessa e alla crudele ragazza. Quando vorrà, entrerai. Se non vorrà vederti, te ne andrai. Non si addice a un uomo perbene rendersi molesto; non vorrai che la tua donna arrivi a dire di te: "Questo proprio non ce lo si toglie di dosso!"? Di sicuro non sarà ostile a lungo.

Fingere di non vedere

Tollera con pazienza la presenza di un rivale: la vittoria definitiva sarà tua. La vedrai fare cenni a un altro? Sopporta. La vedrai scrivere a qualcuno? Non leggere. Venga da dove le pare, vada pure dove vuole. Anche i mariti permettono queste cose alle legittime consorti, quando di notte giunge il sonno a fare la sua parte.

In questa arte – lo ammetto – non sono molto bravo. Che cosa dovrei fare? Non sono all'altezza dei miei stessi insegnamenti. Dovrei tollerare che un altro uomo mandi apertamente dei segnali alla mia donna? Sopportarlo e non farmi prendere dall'ira?

Un giorno, mi ricordo, il marito della mia amante le aveva dato dei baci e io me ne ero lamentato: come riusciamo a essere rozzi, a volte! E questo difetto non mi ha nuociuto soltanto in quell'occasione. Quanto è più saggio colui il quale permette che altri uomini la frequentino!

La cosa migliore, comunque, è non sapere. Lascia che i tradimenti restino nascosti, in modo che lei non debba perdere del tutto il pudore confessando l'infedeltà. E dunque a maggior ragione, voi giovani, evitate di cogliere sul fatto le vostre ragazze: vi tradiscano, e credano pure di averlo fatto a vostra insaputa. Tra due che vengono sorpresi l'amore si rafforza: quando a due persone capita lo stesso guaio, tendono entrambe a perseverare in ciò che è stato causa del loro errore.

Il tradimento di Venere

Si racconta una storia, notissima in tutto il cielo, riguardo a Venere e Marte colti sul fatto dalle trame di Vulcano. Il padre Marte, travolto dall'insano amore per Venere, da guerriero terribile si era trasformato nel classico innamorato; Venere non si era mostrata né scontrosa né insensibile ai suoi corteggiamenti (del resto non c'è una dea più disponibile di lei). Anzi, si dice che più volte quell'impudica abbia riso dei piedi del marito Vulcano e delle sue mani callose a causa del mestiere di fabbro.

I primi tradimenti li sapevano nascondere bene: provavano pudore, infatti, e vergogna per la propria colpa. Le azioni della moglie, poi, furono rivelate a Vulcano dalla denuncia di Apollo (chi, d'altra parte, potrebbe sfuggire al Sole?). Ma che cattivo esempio hai dato, Apollo! Potevi chiedere a Venere un favore in cambio del tuo silenzio: lei aveva sicuramente qualcosa da concederti!

Vulcano allora sistemò intorno e sopra il letto dei lacci nascosti – un lavoro davvero invisibile – e si inventò un viaggio a Lemno. I due amanti giunsero al loro appuntamento ed entrambi, nudi, si ritrovarono imbrigliati dai lacci. Allora Vulcano convocò gli altri dei e mostrò loro i due prigionieri: raccontano che Venere trattenne a stento le lacrime; a causa dei lacci nessuno dei due poté nascondere il volto né coprire con le mani le proprie nudità.

A quel punto qualcuno, ridendo, disse: «Marte fortissimo, se quella posizione ti pesa, posso sostituirti io». A fatica Nettuno ottenne con preghiere che Vulcano sciogliesse i corpi imprigionati. Marte se ne andò in Tracia Venere sull'isola di Cipro. Ma dopo questa tua impresa, Vulcano, ciò che prima essi nascondevano, hanno incominciato a farlo liberamente e ogni pudore è scomparso. E tu spesso ti ritrovi ad ammettere di aver agito stupidamente: dicono che ti sei pentito del tuo tranello.

Dunque voi, amanti, impeditevi di agire così. Venere stessa, essendo stata colta sul fatto, vi vieta di tendere insidie come quelle che lei personalmente ha dovuto subire. Non preparate trappole per il vostro rivale e non cercate di decifrare le parole scritte da una mano sconosciuta.

L'ostentazione dell'amore è volgare

Chi oserebbe divulgare ai profani i riti della dea Cerere? Tacere delle proprie azioni non è una grande virtù, ma al contrario è una grande colpa rivelare cose che dovrebbero restare segrete. E Venere, più di tutti, ordina di mantenere il segreto sui suoi riti: consiglio quindi a chi è troppo loquace di non partecipare a essi. Il culto di Venere si svolge ogni giorno in mezzo a noi, ma non prevede l'ostentazione. Venere stessa, ogni volta che depone la veste, si protegge il pube con la mano sinistra, girandosi un po' sul fianco.

Solo le bestie si accoppiano dove capita, davanti a tutti; e una ragazza perbene di fronte a questo spettacolo distoglie lo sguardo. Ai nostri amori furtivi si addicono una camera da letto e una porta chiusa; le parti intime del corpo devono restare sempre un po' coperte e, se non proprio il buio, cerchiamo la penombra o qualcosa di meno della piena luce.

Anche nei tempi antichi, quando non era ancora il tetto a proteggere dal sole e dalla pioggia ma erano semplicemente le querce a offrire riparo e nutrimento agli uomini, gli amplessi avvenivano nei boschi e nelle grotte, non a cielo aperto: tale era la cura del pudore che avevano quelle rozze genti! Oggi invece mettiamo delle insegne sui nostri atti notturni e ci sobbarchiamo grandi spese purché se ne parli.

Elogio della discrezione

Ormai si passano in rassegna tutte le ragazze, una per una, per poter dire al primo che capita: "Mi sono fatto anche quella". E affinché non manchino donne da indicare con il dito, non appena se n'è sfiorata una, la si trasforma subito in oggetto di chiacchiera infamante.

Ma questo è niente. Alcuni si inventano cose che negherebbero, se fossero vere, e raccontano che non c'è una donna che non sia andata a letto con loro. Se non riescono ad avere i loro corpi, si impossessano dei loro nomi e, anche se la ragazza non è stata toccata, la sua reputazione viene rovinata. E allora spranga pure le imposte, tu che odiosamente tieni nascosta la tua donna, e metti cento serrature alla porta di ferro: che sicurezza credi di ottenere, quando c'è uno che si inventa l'adulterio e vuole che si creda ciò che in realtà non è successo?

Per quanto mi riguarda, io parlo con molta prudenza dei miei amori, nonostante siano veri. Le mie relazioni furtive sono sacre e protette da sincera lealtà.

Ignorare i difetti

Evitate assolutamente di rinfacciare alle vostre donne i loro difetti; a molti è stato utile fingere di non vederli. Ad Andromeda non fu mai rinfacciato il colore scuro della sua pelle da Perseo, il quale del resto aveva a entrambi i piedi un'ala. La corporatura di Andromaca sembrava a tutti troppo imponente per una femmina: il solo che la riteneva adeguata era il suo Ettore.

Cerca di abituarti a ciò che non ti piace: finirà per piacerti. La consuetudine attenua molte cose; un amore appena cominciato, invece, è sensibile a tutto. Finché il nuovo ramo si sta formando dalla verde corteccia, essendo ancora fragile può essere spezzato anche da una brezza leggera. Presto, però, induritosi per effetto del tempo, resisterà a ogni vento e, divenuto una solida pianta, darà frutti da innesto. Il passare dei giorni fa dimenticare le imperfezioni del corpo, e quello che prima era un difetto, col tempo smette di esserlo. Le narici non abituate faticano a tollerare l'odore della pelle di toro, ma col tempo non lo sentono più.

I difetti, inoltre, si possono attenuare chiamandoli con altri nomi: quella che ha il sangue più scuro della pece d'Illiria verrà chiamata "bruna"; se è un po' strabica sarà "simile a Venere"; se ha gli occhi di colore giallo, "Minerva". Sia "snella" quella che per la sua magrezza sembra stare in piedi a fatica, "agile" quella molto piccola, "sana" quella grassa: il difetto venga camuffato con il pregio più vicino.

Preferenza per la donna matura

Non chiedetele mai l'età, né chi era console l'anno in cui è nata (questi sono compiti dello scrupoloso addetto all'anagrafe), soprattutto se non è più nel fiore della bellezza, se il tempo migliore è già passato e ormai comincia a cercare qualche capello bianco. Ma sappiate che da questa età, ragazzi, si può ricavare molto, e anche da una maggiore: è un campo che darà frutti, un campo da seminare.

Finché gli anni e le forze ve lo permettono, affrontate le fatiche, perché poi, con il suo passo silenzioso, la curva vecchiaia arriverà per tutti. Potete solcare il mare con i remi o la terra con l'aratro, affidare le vostre braccia combattive alle armi crudeli oppure dedicare il vostro vigore, le vostre energie e il vostro impegno alle donne: anche quest'ultima attività, come quella militare, mira alla conquista.

Considerate poi che le donne più mature hanno una maggiore esperienza: è solo la pratica che fa un vero artista. Esse sanno compensare i danni del tempo con mille accorgimenti: con la cura della propria persona riescono a non far apparire la loro età. Inoltre sanno fare l'amore come vuoi tu, in tanti modi diversi che nemmeno gli affreschi erotici conoscono, e non occorrono troppi preliminari per farle eccitare.

Il maschio e la femmina si procurino l'orgasmo simultaneamente; detesto gli amplessi che non si concludono nello stesso momento per entrambi (ecco perché sono poco attirato dal sesso con i ragazzi). Detesto anche quelle che si concedono perché devono, e durante il rapporto restano fredde pensando alle loro faccende domestiche; il piacere che mi viene dato come un obbligo, non mi è gradito. Che nessuna ragazza mi si conceda per dovere!

A me piace sentire quei suoni da cui si capisce che sta godendo, mentre mi supplica di insistere o di trattenermi; voglio vedere gli occhi della mia donna sopraffatti dal piacere, quando non riesce più a controllarsi; voglio che si senta sfinita al punto da chiedermi di non essere toccata più.

Questo tipo di piacere la natura non lo ha concesso alla giovinezza; a esso di solito non si arriva prima dei trentacinque anni. Quelli che hanno fretta, bevano pure il vino novello; a me si versi del vino invecchiato, con un'anfora messa da parte al tempo degli antichi consoli. Solo un platano di tanti anni può resistere al sole, mentre i prati d'erba appena spuntata danno fastidio alle piante dei piedi. Non mi dirai che preferisci alla bellissima Elena sua figlia Ermione, o che ritieni Gorge migliore di sua madre Altea? Se vorrai provare un amore di età matura, purché tu sia in grado di sostenerlo, sarai piacevolmente ricompensato.

Quanto all'orgasmo – dammi retta – non va raggiunto in fretta ma procurato gradualmente attraverso un lento indugiare. Quando avrai capito i punti in cui le piace essere toccata, non avere alcun pudore a toccarli: vedrai brillare i suoi occhi di una tremula luce, come il riflesso del sole sulla superficie dell'acqua. Seguiranno i lamenti, gli adorabili sospiri, i dolci gemiti e le parole adatte al momento. Tu, allora, non dispiegare vele troppo grandi, lasciandola indietro, né lei preceda te nella sua corsa: cercate di arrivare alla meta insieme. Il piacere è davvero completo quando il maschio e la femmina giacciono distesi, egualmente spossati.

Questo è ciò che devi fare, quando ti è concesso tempo sufficiente e non c'è alcun timore che metta fretta al vostro incontro furtivo. Ma quando indugiare non è sicuro, meglio forzare con i remi e spronare il cavallo lanciato nella corsa.

CONSIGLI PER LE DONNE

Le donne sono più sensibili all'amore

Ora insegnerò alle donne come farsi amare. La femmina non riesce a difendersi dalle fiamme e dalle frecce crudeli scagliate dall'arco di Amore, mentre vedo che ai maschi queste nuocciono di meno. Gli uomini ingannano spesso, non così le dolci ragazze; anzi, se ci pensi bene, esse non si meritano davvero questa accusa. Quel traditore di Giasone congedò Medea quando era già madre, e accolse un'altra donna tra le sue braccia. Per colpa tua, Teseo, Arianna si trovò abbandonata in una terra sconosciuta in balia degli uccelli marini. E il tuo ospite, Didone, sebbene abbia fama di persona rispettosa, è pur sempre colui che di fatto ti diede un motivo per morire e una spada.

Vi spiegherò perché vi siete rovinate: non avete saputo amare. Vi è mancata l'arte, ed è con l'arte che si fa durare l'amore. Finché Venere mi ispira, traete insegnamento dalle mie parole, ragazze! E siate consapevoli fin d'ora della vecchiaia che vi aspetta, così nessun attimo della vita andrà sprecato. Finché è possibile e potete ancora dichiarare la vostra vera età, divertitevi: gli anni scorrono come l'acqua del fiume, e l'onda che è passata non può essere richiamata indietro. Bisogna godersi la giovinezza, perché essa fugge velocemente e l'età successiva non è mai bella come quella precedente.

Non bisogna rimandare l'amore

Verrà il giorno in cui tu, che ora respingi gli innamorati, te ne starai vecchia e sola nella notte fredda; nessuna contesa notturna tra corteggiatori farà sbattere la tua porta, e la mattina non troverai la soglia ricoperta di rose. Quanto rapidamente – ahimè – il corpo cede alle rughe e il colore, che dava luce al volto, svanisce. Quei capelli bianchi, che giuri di aver avuto anche da bambina, si diffonderanno su tutta la chioma. I serpenti insieme con la pelle perdono anche la vecchiaia e i cervi non diventano vecchi quando le corna sono cadute: i nostri beni, invece, se ne vanno senza alcuna compensazione. Dunque godetevi il fiore degli anni: se non sarà raccolto, cadrà tristemente da sé.

La Luna non arrossì nel baciare il pastore Endimione sul monte Latmo; Aurora dalle dita di rosa non si vergognò di rapire Cefalo; e da chi credete che Venere – anche se ancora piange per amore di Adone – abbia avuto i figli Enea e Armonia? Seguite dunque l'esempio delle dee, donne mortali, e non negate il vostro piacere ai maschi che vi desiderano. Se anche essi vi seducono con l'inganno, che male può farvi? Non perdete nulla: vi possedessero anche in mille, nulla di voi deperirebbe. A forza di usarlo il ferro si consuma e le pietre rimpiccioliscono, ma quella parte del vostro corpo rimane sempre uguale e non teme alcuna usura. Non vi sto dicendo di concedervi a chiunque; voglio solo esortarvi a non avere inutili paure. Ciò che avete da donare non può subire danni.

La bellezza si può conseguire

Il primo aspetto è la cura di sé: il vino buono proviene solo da uve selezionate con cura e solo un terreno ben coltivato può far crescere messi rigogliose. La bellezza è un dono divino: quante possono vantarsene? La maggior parte di voi è priva di questo dono, ma con la cura della persona lo si può conseguire, mentre con la trascuratezza lo si perde, anche se si è nate belle come la dea Venere.

Le ragazze di un tempo non curavano l'aspetto fisico come avviene oggi, ma nell'antichità non c'erano neppure maschi così curati. Perché stupirsi se Andromaca indossava tuniche resistenti ma poco eleganti? Era moglie di un rude soldato. E se fossi la moglie di Aiace, che era coperto con sette pelli di bue, ti presenteresti tutta agghindata? Nel passato regnava una rozza semplicità; ora invece Roma è tutta dorata e controlla le grandi ricchezze di un impero sottomesso.

La nostalgia per i gusti di un tempo la lascio ad altri, io sono contento di essere nato in questa epoca: è più adatta a me. Non tanto per l'oro che viene estratto in abbondanza dalle vene sotto terra o per le perle preziose fatte venire da spiagge esotiche, né per i marmi ricavati dalle cave che consumano i monti o per le acque limpide sottratte al mare con le dighe, ma proprio per l'attenzione al bello che c'è oggi, e perché quella rozzezza che era sopravvissuta ai nostri antenati adesso non c'è più.

Eleganza non significa lusso

Non dovete appesantire le orecchie con pietre pregiate che gli Indi scuri di pelle raccolgono nelle loro verdi acque, e neppure presentarvi impacciate a causa della veste pesante ricamata con l'oro: il lusso con cui credete di sedurci, spesso ci fa scappare.

Noi siamo sedotti dall'eleganza, che significa ad esempio capelli curati: basta un giusto tocco di mano per dare o togliere bellezza al volto. Comunque non c'è un solo tipo di acconciatura: ciascuna scelga quello che più le si addice e consulti il proprio specchio.

Quanto è indulgente la natura con la vostra immagine, visto che vi offre mille possibilità per correggerne i difetti! Noi maschi perdiamo i capelli disordinatamente e li vediamo cadere come le fronde degli alberi quando sono scosse dal vento freddo. La femmina invece se li può tingere con le erbe provenienti dalla Germania, ottenendo un colore più bello di quello originario, oppure presentarsi con una chioma foltissima acquistata (infatti, al posto dei propri, si procura capelli altrui pagandosi una parrucca); e non c'è alcun imbarazzo ad ammettere di averla comprata.

Degli abiti cosa dovrei dire? Non amo le frange dorate alla moda, né la lana tinta con la pregiata porpora di Tiro: visto che oggi sono accessibili a un prezzo contenuto molteplici colori, non è stupido dichiarare il proprio reddito attraverso ciò che si indossa? Quanti sono i fiori che sbocciano dalla terra in primavera, quando la mitezza del clima fa spuntare le gemme alle viti e lentamente l'inverno si allontana, altrettanti, o anche di più, sono i colori con cui si tinge la lana. Ma bisogna scegliere con cura: non tutti si addicono a tutte.

Il trucco non deve apparire

Stavo quasi per raccomandarvi di non emanare dalle ascelle l'orribile odore di caprone e di non lasciar spuntare ruvidi peli sulle gambe! Ma non mi sto rivolgendo a ragazze provenienti dalle rocce del Caucaso o che bevono le acque del fiume Caico in Turchia. Allora dovrei ricordarvi anche di non lasciar annerire i denti per trascuratezza e di lavarvi il viso ogni mattina. Ma voi sapete persino come rendere bianco il viso spalmandovi creme o come conferirgli con il trucco quel colorito che non ha naturalmente. Con il trucco sapete riempire lo spazio tra un sopracciglio e l'altro, e ricoprire di uno strato sottile la pelle delle vostre guance. E non avete pudore a segnare il contorno degli occhi con il carboncino o con il croco.

Non è opportuno, però, che il vostro amante veda tutte le boccette dei trucchi sparse sul tavolo: gli artifici giovano alla bellezza solo se dissimulati. Quale uomo non sarebbe disgustato da un viso completamente impiastricciato da un impacco che cede per il peso e cola sul petto? Ci sono accorgimenti che conferiscono bellezza ma sono disgustosi a vedersi: e del resto molte cose che, mentre vengono fatte, sono sgradevoli, una volta terminate piacciono.

Dunque, mentre ti prepari, lascia credere che ti stai riposando: dopo l'ultimo ritocco apparirai perfetta. Perché mai dovrebbe essermi nota la spiegazione della luminosità del tuo viso? Tieni chiusa la porta della tua stanza: non devi mostrarti come un'opera incompiuta. È bene che gli uomini ignorino certe cose: la maggior parte di esse disgusterebbe, se non fosse opportunamente occultata.

Se osserverai bene i fregi d'oro che ornano i soffitti del teatro, smetterai di ammirarli: sono solo una sottile lamina che ricopre del legno. Ma al pubblico non è concesso entrare fino a quando non sono ultimati. Allo stesso modo devi prenderti cura del tuo aspetto solo finché gli uomini non sono presenti.

Banali accorgimenti estetici

Alle donne belle non è necessario il supporto della mia arte e dei miei consigli, perché hanno già la loro dote: una bellezza autentica, priva di artifici. Quando il mare è calmo, infatti, il marinaio sta seduto tranquillamente; quando però si gonfiano le onde, egli si mette in guardia e si dà da fare.

Un aspetto privo di difetti è cosa rara: bisogna pertanto cercare di nasconderli e, per quanto possibile, camuffare le proprie imperfezioni fisiche. Se sei bassa, stai seduta, affinché non sembri che sei seduta quando sei in piedi, oppure rimani sdraiata sul divanetto; e anche quando sei sdraiata, affinché non possa essere calcolata la tua altezza, fai in modo che una coperta gettata casualmente ti copra i piedi. La donna troppo magra prediliga abiti intessuti con una trama fitta e tenga un abbondante mantello sulle spalle; quella pallida si passi un po' di porpora sul viso, quella troppo scura ricorra ai prodotti sbiancanti che provengono dall'Egitto.

Un brutto piede sia sempre coperto da una scarpa chiara, la gamba troppo magra sia abbellita con dei lacci; per le spalle storte vanno bene dei cuscinetti, mentre un seno piccolo va ingrandito con delle fasce. Se una ha le dita della mano grosse o le unghie rovinate, gesticoli il meno possibile, qualunque cosa dica. Se ha l'alito pesante, non parli a digiuno e si tenga sempre abbastanza distante dal viso dell'uomo; se ha i denti scuri, troppo grandi o storti ridendo rischia di farsi un danno.

Comportamenti studiati

Anche a ridere si può imparare: è un altro modo con cui le donne possono acquistare fascino. Il riso deve essere contenuto, non a bocca spalancata: le gengive devono restare coperte dalle labbra e l'addome non deve contrarsi in una risata ininterrotta; sia un riso leggero, che mantiene una certa femminilità. Vi sono donne che storcono la bocca in oscene sganasciate, altre che sembrano piangere mentre ridono e altre ancora che emettono un suono rauco e sgradevole come il raglio di un'asina condotta alla macina del mulino.

Ah, che cosa non si riesce a fare con l'arte! Le donne imparano anche a piangere con eleganza e sanno far scendere le lacrime quando e come vogliono. E che dire di quelle che alterano intenzionalmente la propria dizione pronunciando male una lettera, al punto che sembrano balbettare con dei suoni artefatti? Ma a volte il fascino sta proprio nel difetto: e allora imparano a pronunciare male certe parole e a parlare peggio di come potrebbero.

Impegnatevi in queste tecniche, ragazze, visto che giovano. Imparate a muovere il corpo con passi femminei: nell'andatura risiede una parte non trascurabile del fascino; può attrarre o allontanare gli uomini. C'è la donna che sa muovere i fianchi in modo che la veste si gonfi per il vento, incedendo altezzosa a grandi falcate, e quella che avanza imponente tenendo le gambe larghe, come la moglie rubiconda di un contadino umbro. Come in molte cose anche in questa vi sia un giusto mezzo: il secondo modo è certamente rozzo, ma il primo è troppo spudorato.

Gli uomini da evitare

Evitate gli uomini troppo attenti all'eleganza e all'aspetto, quelli che hanno sempre i capelli a posto: ciò che vi dicono l'hanno già detto a mille altre; Amore si diverte a vagare, non sta fermo in un unico posto. E poi che cosa se ne fa la femmina di un maschio più curato di lei, che forse ha anche più uomini di lei? Credetemi, per quanto vi sembri strano (Troia sarebbe ancora integra, se si fosse data retta alla profezia di Cassandra!).

Ce ne sono altri che si fanno avanti simulando di essere innamorati, ma attraverso questa via cercano vergognosi guadagni: non vi inganni una chioma lucida e profumata di nardo, né vi seducano un abito di filo finissimo o anelli portati a ogni dito. Il più raffinato di questa categoria di uomini spesso è un ladro, abbagliato dal valore dei vostri abiti più che da voi.

Vi sono poi certi cattivi soggetti – poverette quelle che ci sono cascate! – che hanno fama di grandi amatori. Imparate a difendervi, ragazze, grazie alle lamentele altrui, e non aprite la porta al seduttore di professione. Se vi faranno delle promesse, promettete pure voi a parole; se però vi faranno dei regali, ricambiateli con i piaceri che avete promesso. La donna che accetta il regalo e poi non si concede come aveva promesso è una persona capace di tutto, perfino di spegnere il fuoco sacro della dea Vesta, di depredare i templi e di somministrare al proprio marito la cicuta.

Nello scrivere occorre prudenza

Quando un corteggiatore ti manda un messaggio, leggilo con attenzione e valuta in base alle parole se sta solo giocando o è sinceramente interessato a te. Non rispondergli subito: l'attesa è sempre uno stimolo per chi è innamorato, purché non duri a lungo. Non lasciare che ti creda troppo disponibile ma non respingere con troppa durezza le sue richieste: fai in modo che tema e speri allo stesso tempo. Tuttavia a ogni tua risposta dovrà essere sempre più fiducioso e sempre meno intimorito.

Quando siete voi a scrivere, ragazze, usate parole appropriate ma di uso comune, poiché piace uno stile medio. Quante volte un amante ancora incerto si è infiammato di passione leggendo un bel messaggio! E, viceversa, quanto può essere dannoso, anche per una donna molto bella, un linguaggio scorretto!

Se, pur non essendo ancora sposate, volete tradire il vostro uomo, fate consegnare i messaggi da un'ancella o da un servo di fiducia; non mettete mai delle prove in mano a qualcuno che non conoscete bene. È opportuno, inoltre, che impariate a riprodurre grafie diverse (ah, maledetti coloro a causa dei quali mi tocca dare questi consigli!) e che, quando scrivete all'amante, vi esprimiate sempre al femminile: quello che per voi è un "lui", sia indicato sempre nei vostri testi come una "lei".

Controllare le emozioni

Per mantenere un aspetto piacevole è necessario controllare i sentimenti d'ira: agli esseri umani si addice la pace, alle bestie l'ira feroce. A causa dell'ira il volto si gonfia, le vene risaltano per il fluire del sangue e gli occhi si infiammano più di quelli della Gorgone. «Via da me, flauto!» esclamò Atena quando vide riflesse nel fiume le proprie guance gonfiate mentre soffiava nello strumento. «Non vali così tanto!» Così anche voi, se vi vedeste allo specchio mentre siete in preda all'ira, a stento riconoscereste il vostro volto.

Non meno dannosa per il vostro aspetto è la superbia: è con sguardi gentili che si conquista l'amore. Noi maschi non sopportiamo – credete a me che sono esperto – l'atteggiamento altezzoso di certe donne: dietro un volto intenzionalmente silenzioso spesso si riconoscono i segni della cattiveria. Ricambiate lo sguardo di chi vi guarda e sorridete a chi vi sorride; se vi ha fatto un cenno, dimostrate di averlo colto: dopo questi inizi il giovane Cupido mette da parte le frecce ordinarie ed estrae dalla faretra quelle più acuminate.

Un'altra cosa che detestiamo è la tristezza: Aiace ami pure la sua austera Tecmessa ma noi, che vogliamo divertirci, siamo sedotti da donne allegre. Non chiederei mai a te, Tecmessa, e neppure a te, Andromaca, di essere la mia amante. Fatico perfino a pensare che abbiate avuto rapporti con i vostri uomini, ma devo crederlo perché avete partorito. Come immaginare una donna tristissima come Tecmessa che dice ad Aiace "amore mio" e tutte quelle espressioni che fanno piacere agli uomini?

L'amante giovane e quello maturo

Chi guida il carro non governa il cavallo appena addestrato con le stesse briglie che utilizza per quello abituato alle redini. Così, per sedurre un giovane inesperto o un uomo di età matura, non dovrai percorrere la medesima strada.

Il giovane che, come una recluta ingenua, affronta per la prima volta le battaglie dell'Amore ed è giunto nel tuo letto come nuova preda, deve frequentare te soltanto e rimanerti sempre attaccato: è un campo fertile che va difeso con alti recinti. Guardati bene dalle rivali: vincerai finché sarai la sola ad averlo. L'amore è come il regno: per rimanere saldo non deve essere suddiviso.

Il veterano, invece, saprà amare con calma e saggezza, e saprà sopportare molte cose insostenibili per il giovane soldato. Certo, non butterà giù la porta, né tenterà follemente di incendiarla, non ferirà con le unghie le morbide guance dell'amante, non farà a pezzi la propria veste o quella di lei e non le strapperà i capelli fino a farla piangere: queste sono cose che si addicono ai ragazzi, infiammati dall'età e dal desiderio. L'amante maturo sopporterà con equilibrio le ferite crudeli dell'amore e brucerà – ahimè – a fuoco lento, come fieno bagnato o come legna appena tagliata dai boschi di montagna.

Questo tipo di amore è più sicuro; l'altro è più stimolante ma più breve: se volete cogliere i frutti che durano poco, dovete farlo in fretta.

Tecniche per tenere vivo l'amore

Concedersi troppo facilmente non contribuisce a tenere vivo l'amore: ai piacevoli incontri amorosi vanno alternati ogni tanto dei rifiuti. Lascia talvolta che il tuo uomo rimanga chiuso fuori e gridi: "Porta crudele!", ora supplicando ora minacciando. Troppo dolce può disgustare: a volte dobbiamo rifarci la bocca con qualcosa di amaro. Una barca può affondare anche a causa di venti favorevoli. Questo è il motivo che impedisce alle mogli di essere amate: i mariti possono averle ogni volta che lo desiderano. Opponi dunque la porta chiusa al tuo amante e mettici pure un guardiano che con tono severo dica: "Non si può entrare!". Sentendosi escluso, proverà di più l'amore.

Mentre lo stai conquistando e anche appena lo hai conquistato, fagli credere di essere il solo ad avere accesso alla tua stanza; ma subito dopo fai in modo che sospetti la presenza di un rivale e tema di dividere il tuo letto con un altro. Se rinunci a questa tecnica, vedrai che l'amore si spegnerà. Il cavallo di razza corre bene quando, fatto uscire dal recinto, ha rivali da raggiungere e da superare. Un po' di crudeltà può riaccendere anche i fuochi ormai spenti e io – lo confesso – non amo se non sono un po' maltrattato. La causa della sua sofferenza, tuttavia, non sia mai troppo chiara al tuo amante e, anzi, lascia pure che tema anche più di quanto si immagina.

L'idea di poter essere spiati da un servo e i fastidiosi sospetti di un marito troppo geloso sono un altro stimolo per l'amore. Il piacere che nasce dalla tranquillità è meno intenso. Se anche tu fossi più libera della cortigiana Taide, simula preoccupazione. Pur potendo servirti della porta, fallo entrare dalla finestra e lascia sempre intravedere sul volto qualche traccia di paura. Una serva appositamente istruita potrà fare irruzione nella stanza e gridare: "Siamo rovinati!". Allora nasconderai il giovane amante spaventato nel primo posto che capita. Il sesso, tuttavia, sia goduto qualche volta anche senza patemi, affinché il tuo amante non pensi che le notti con te non valgano la pena.

Solleticare la vanità del maschio

Dove mi sto lasciando trasportare, pazzo che sono? Perché mi lancio a petto nudo contro il nemico e mi faccio del male da solo con questi miei suggerimenti? L'uccello non indica la propria direzione ai cacciatori e la cerva non insegna a correre ai cani che la inseguono. Ma che importa l'interesse personale! Rispetterò fino in fondo il mio impegno, anche a costo di consegnare alle donne le armi per vincermi.

Fateci credere – non è così difficile – di essere molto amati: l'innamorato tende a credere a ciò che desidera. La donna deve guardare il suo amante languidamente e sospirare dal profondo, chiedendogli perché sia giunto così tardi; aggiunga le lacrime, simuli sofferenza per una rivale, graffi il volto dell'uomo con le dita. Di fronte a ciò lui si persuaderà sicuramente, avrà compassione e dirà: "Questa è impazzita per me!". Tanto più se è uno di quelli molto attenti al proprio aspetto, che si rimirano in continuazione allo specchio e credono di far innamorare persino le dee.

Come comportarsi ai ricevimenti

Ai ricevimenti dovrai arrivare tardi, entrando elegantemente nella sala quando saranno già state accese le lampade; giungendo in ritardo sarai più apprezzata, perché farsi attendere è sempre un modo efficace per affascinare. A chi ha bevuto apparirai senz'altro bellissima, anche se non lo sei, e la notte sarà tua complice nel nascondere i difetti.

Limitati ad assaggiare il cibo che viene servito, prendendone solo un po' con le punta delle dita (ci vuole stile anche nel mangiare) ed evitando di ungerti il volto con la mano sporca. Non toccare cibo a casa, prima di uscire, ma in pubblico non mangiare fino a sazietà: mangia sempre un po' meno di quanto potresti. Se Paride vedesse Elena che si abbuffa, la disprezzerebbe e direbbe: "Che follia è stata rapire questa ragazza!".

Per le donne è più adatto ed elegante l'atto di bere. Bacco si abbina bene al figlio di Venere! Ma anche in questo caso il limite è che la testa rimanga lucida, le gambe reggano e non si veda doppio. È disgustosa l'immagine di una donna stesa a terra ubriaca di vino: si merita di essere posseduta da chiunque. Non è sicuro per una ragazza appoggiarsi sulla tavola e addormentarsi: mentre è in preda al sonno potrebbero accadere cose imbarazzanti.

Galateo per il sesso

Ogni donna deve conoscersi bene e a letto assumere posizioni che si addicano al proprio corpo: non a tutte è adatta la stessa. Se una ha un viso bellissimo, si stenda sempre supina; si lasci guardare di schiena la donna che sa di piacere in quella posizione. Melanione portava le gambe di Atalanta sulle spalle: se sono belle, possono essere esibite anche così. A cavalcare il maschio si metta la donna piccola di statura; essendo altissima, la sposa di Ettore non assunse mai quella posizione. La donna da ammirare per i fianchi lunghi si metta in ginocchio sul letto, con il capo un po' reclinato; si disponga sul fianco e si faccia guardare dal maschio quella che ha la coscia da ragazza e il seno perfetto.

Non giudicare disdicevole sciogliere i capelli, come una baccante: piega indietro il collo e lascia che si dispongano casualmente. Se dopo una gravidanza ti sono rimaste smagliature sul ventre, cavalca il maschio di schiena, come fanno i Parti quando fuggono a cavallo. Mille sono le posizioni possibili nel sesso: la più semplice e meno faticosa è quella in cui la donna giace sdraiata fino a metà, appoggiandosi sul lato destro.

La femmina, abbandonandosi completamente, si goda fino in fondo il piacere sessuale, ed esso soddisfi egualmente entrambi gli amanti. Non cessino mai le parole dolci e i piacevoli sussurri, ma non manchino in certi momenti anche alcune espressioni volgari.

E tu, a cui la natura ha negato di provare il piacere sessuale, potrai simulare l'orgasmo attraverso suoni ingannevoli (infelice la donna insensibile in quella parte della quale potrebbero godere sia la femmina sia il maschio!). Tuttavia, quando fingi, cerca di non farlo capire: sii credibile nei movimenti e nell'espressione degli occhi; la tua voce e il respiro facciano capire quanto ti piace. Ah! Che imbarazzo! Eppure anche questa parte dell'amore ha le sue regole segrete.

COME GUARIRE DALL'AMORE

Non bisogna rovinarsi per amore

Appena leggerà questo titolo, Amore dirà: "A quanto pare, si prepara guerra contro di me". Risparmiati di accusare il tuo poeta, Cupido; altri giovani spesso sono tiepidi in amore ma io ho sempre amato e se mi chiedi che cosa stia facendo ancora adesso, amo. Ho insegnato, lo sai, in che modo ti si possa raggiungere; e quella che ora è una dottrina, prima è stata una passione.

Adesso non intendo tradirti, né una nuova Musa si accinge a disfare il lavoro precedente. Se qualcuno ama felice e appassionato ciò che gli piace amare, ne goda e navighi col suo vento in poppa. Ma se qualcuno sopporta con pena il dominio di un'amante crudele, non si faccia logorare: colga l'aiuto che la mia arte gli può dare.

Perché mai certi amanti, dopo aver legato un cappio al collo, si lasciano cadere come triste peso da un'alta trave? Perché altri si feriscono il petto con un duro pugnale? Tu sei amante della pace, Cupido: devi opporti alla morte. Se qualcuno non è riuscito a smettere di amare e sta per morire a causa dell'amore, se ne liberi! Tu non sarai responsabile di alcun funerale.

Le passioni dannose vanno frenate

Ascoltate i miei insegnamenti, voi giovani delusi che l'amore ha ingannato ripetutamente. Chi vi ha insegnato ad amare, vi insegnerà anche a guarire dall'amore; la stessa mano che ha inferto il colpo, ora lo curi. La terra produce sia erbe salutari sia piante velenose, e spesso l'ortica cresce prossima alla rosa.

Queste cose che dico agli uomini, ragazze, valgono anche per voi: devo dare le armi a entrambe le fazioni. E se non vi riguardassero, tuttavia possono insegnare molto a titolo di esempio. È un valido proposito tentare di spegnere le fiamme crudeli e non rendere il cuore schiavo del suo vizio.

Se avesse avuto me come maestro, Didone non avrebbe osservato morente dall'alto della rocca le navi dei Troiani che si allontanavano; e il dolore non avrebbe armato la mano di Medea contro i suoi stessi figli, per vendicarsi del marito traditore. Affidatemi Pasifae, e la sua passione per il toro cesserà; affidatemi Fedra, e il suo turpe amore per il figliastro svanirà. Consegnatemi Paride: Menelao si terrà la sua Elena e Troia non cadrà per mano dei Greci.

Sotto la mia guida, lettori, imparate a reprimere le passioni dannose; possa la nave, grazie ai miei consigli, rientrare in porto con tutto l'equipaggio. Come un avvocato che vi assiste, solleverò i vostri cuori oppressi da crudeli padroni: ciascuno di voi, però, faccia la sua parte per riappropriarsi della libertà.

Fermarsi in tempo

Finché è possibile, e moti ancora piccoli toccano il tuo cuore, fermati sulla soglia non appena avverti il dolore. Combatti i primi sintomi dell'improvvisa malattia, frena il tuo cavallo che aveva appena cominciato a correre: il tempo, infatti, dà vigore al male, così come fa maturare le uve acerbe o come trasforma in ricche messi quella che prima era solo erba. Anche l'albero, che offre ampia ombra a chi si ripara sotto le sue fronde, quando fu piantato non era che un virgulto: allora poteva essere divelto con le mani dalla superficie della terra, ora si erge maestoso sulle profonde radici.

Devi dunque capire piuttosto rapidamente che tipo di persona sia quella di cui ti sei innamorato, ed eventualmente sottrarre il tuo collo a un giogo che potrebbe farti male. Combatti subito: è tardiva la medicina quando il male si è rinforzato a causa dei troppi indugi. Sbrigati e non rimandare la decisione al tempo che verrà: chi non è capace oggi, domani lo sarà ancora meno. Ogni amore ci inganna e si nutre della nostra esitazione: il giorno più prossimo è il migliore per liberarsi.

Sono pochi i fiumi che nascono da fonti copiose; la maggior parte di essi si ingrandisce grazie agli affluenti. Se ti fossi resa conto subito, Mirra, della passione incestuosa che stavi nutrendo, ora non ti copriresti il volto con una corteccia. Io stesso ho visto una ferita, che inizialmente poteva essere curata, causare gravi conseguenze perché trascurata a lungo.

Noi, però, siccome siamo molto sensibili ai piaceri del sesso, ogni volta diciamo: “Posso lasciarla anche domani, è la stessa cosa". E intanto le fiamme silenziosamente si insinuano dentro di noi e la pianta cattiva affonda di più le sue radici.

C'è un momento opportuno per la cura

Se il tempo per un primo soccorso è già passato e l'amore nocivo, insediatosi nel cuore, lo ha reso prigioniero, il compito della guarigione si fa decisamente più arduo; non possiamo però abbandonare l'ammalato solo perché ci ha fatto chiamare tardi. Filottete avrebbe dovuto subito amputare con mano decisa il suo piede ammalato ma – a quanto si dice – molti anni dopo, guarito, fornì il suo contributo decisivo alla conquista di Troia. E dunque io, che ti facevo fretta poco fa per troncare il male sul nascere, mi accingo ora a soccorrerti, benché sia tardi.

Un incendio, però, o cerchi di spegnerlo appena scoppiato, se possibile, oppure bisogna aspettare che si consumi per la sua stessa forza: mentre divampa, devi rinunciare a combattere la sua furia devastatrice. Del resto ogni impeto è difficile da contenere. È sciocco il nuotatore che, potendo risalire il fiume per via obliqua, si ostina ad andare controcorrente; così, un animo consumato dall'amore, ancora intrattabile, rifiuta le cure e ha in odio i consigli degli amici; lo affronterò quando permetterà che gli si tocchino le ferite e sarà pronto a discorsi sinceri.

Chi mai, se non un idiota, impedirebbe a una madre di piangere al funerale del figlio? Non è quello il momento di parlarle. Solo dopo che avrà versato tutte le sue lacrime e avrà saziato il suo cuore affranto, quel dolore potrà essere lenito con le parole. La medicina non è altro che l'arte di intervenire al momento opportuno. Anche il vino, bevuto al momento giusto, giova; invece nel momento sbagliato fa male. I vizi rischiano di essere stimolati ed esasperati da ammonimenti fatti quando non è il caso.

Il pericolo dell'ozio

Quando sembrerai pronto per curarti dall'amore con i miei rimedi, dovrai innanzitutto evitare l'ozio. È il tempo libero che ci spinge all'amore, che ce lo fa coltivare; l'ozio è l'origine di questo piacere ma è anche il nutrimento di questo dolore. Se elimini il tempo libero, l'arco di Cupido non varrà più niente e le sue frecce di fuoco giaceranno a terra, spente e trascurate. Venere ama l'ozio quanto il platano si compiace della vite, il pioppo dell'acqua e la canna palustre della terra fangosa.

Pertanto chi vuole liberarsi di una passione sappia che l'amore soccombe agli impegni: tieniti impegnato e sarai al sicuro. L'indolenza, le dormite prolungate senza alcun controllo, i giochi d'azzardo e la testa stordita dal troppo vino sottraggono energie al corpo senza che ci si accorga; Amore, insidioso, colpisce chi non è preparato, va dietro agli indolenti e detesta gli uomini attivi. E allora tu da' alla mente vuota qualche cosa da fare che la tenga impegnata.

Volete sapere per quale motivo Egisto commise adulterio? La spiegazione è semplice: non aveva nulla da fare. Gli altri erano impegnati nel lungo assedio di Troia, tutte le forze della Grecia erano trasferite là. Per non stare senza fare nulla, fece la sola cosa che poteva fare: amare. È in questo modo che Cupido arriva, ed è così che resta.

Viaggiare può distrarre la mente

Puoi anche andare via, lontano, nonostante saldi vincoli ti trattengano, e affrontare lunghi viaggi. Piangerai e il nome dell'amante lasciata a casa ti verrà di continuo in mente: il piede si fermerà spesso durante il cammino, ma quanto meno vorrai continuare il viaggio, tanto più ricordati di proseguire. Resisti e costringi le tue gambe a correre, anche controvoglia.

Non augurarti il maltempo per doverti fermare, e non cercare la scusa dei giorni festivi o di quelli infausti; non chiedere quanta strada hai percorso ma quanta ne rimane, e non inventare pretesti per soggiornare nei dintorni; non calcolare il tempo passato e non volgere lo sguardo indietro verso casa, ma fuggi. Anche il nemico si salva dagli avversari fuggendo.

Qualcuno potrebbe dire che questi miei consigli sono duri: lo riconosco, ma per guarire dovrai sopportare molte fatiche. Spesso ho bevuto medicine amare malvolentieri, quando sono stato ammalato, e il cibo che chiedevo mi veniva negato. Sei disposto ad affrontare il ferro e il fuoco per curare il corpo, a privarti dell'acqua nonostante la sete, e non vuoi sopportare nulla per curare l'animo, che vale molto di più?

La parte più dura dell'arte che ti sto insegnando è la prima. Una sola è la vera fatica: sopportare i primi tempi.

Probabilmente ti rincrescerà abbandonare la tua terra, tuttavia dovrai andartene; poi vorrai tornare, e non sarà la nostalgia di casa a chiamarti, bensì l'amore per la tua donna, da cui vorrai dolci parole che leniscano il tuo dolore. Una volta che sarai partito, invece, saranno la campagna, i compagni di viaggio e il lungo cammino a darti sollievo.

Non devi credere, però, che sia sufficiente allontanarsi; dovrai restare lontano a lungo, fino a che il tuo fuoco avrà perso le forze e sarà rimasta solo la cenere. Se affretterai il ritorno, senza aver trovato un solido equilibrio, Amore indomabile ti muoverà contro le sue armi crudeli. Per quanto lontano sarai stato, ritornerai pieno di fame e di sete, e tutto il tempo sarà trascorso a tuo danno.

Ricordarsi il male

Bravissimo colui che riesce a liberarsi dalla passione con le proprie forze, spezzando i vincoli che feriscono il suo cuore e ponendo fine al dolore. A uno che ha tale coraggio va tutta la mia ammirazione e non posso che dire: "Può fare a meno dei miei consigli". Tu che invece fatichi a smettere di amare chi ami, che vorresti e non ci riesci, tu dovrai seguirli.

Ripensa spesso ai comportamenti della tua amante crudele, e ripercorri con la mente tutto il male che ti ha fatto: "Si prende tutto quello che vuole ma, per quanto riesca ad avere, non le basta mai; mi ha costretto per avidità a vendere la casa di famiglia; ha giurato, e ogni volta che ha giurato si è sempre smentita; quante volte ha lasciato che rimanessi fuori dalla sua porta; ama altri uomini e le dà fastidio essere amata da me: le notti che mi nega, se le prende – ahimè – l'ultimo dei bottegai!".

Questi ricordi ti inaspriranno il cuore: devi tenerli a mente e trarre da essi i semi del tuo odio.

Enfatizzare i difetti

I difetti possono essere confusi con le buone qualità: una virtù spesso è stata criticata come fosse un vizio. Perciò volgi in peggio, per quanto ti riesce, le doti della ragazza e, in base a quel sottile confine che separa i difetti dalle qualità, inganna il tuo giudizio. Se è sovrappeso ti dirai che è grassa, se è scura, nera; la magrezza può essere vista come gracilità; la donna non proprio riservata la giudicherai petulante, se invece è discreta la considererai un'ingenua.

Può essere utile correre da lei la mattina presto, prima che abbia avuto il tempo di prepararsi per uscire. La cura dell'aspetto gioca un ruolo molto importante nel fascino che le donne esercitano su di noi. Si coprono di oro e orpelli al punto che una donna finisce per essere la parte minore di se stessa; capita di chiedersi quale sia la parte da amare dietro tutto quell'apparato. Arrivando all'improvviso la coglierai impreparata e, misera, resterà vittima dei propri difetti.

A questo consiglio, in realtà, non puoi dare troppo credito: una vera bellezza anche senza trucco riesce sempre a sedurre gli uomini. Tuttavia osservala da vicino, senza alcun pudore, mentre si cosparge il viso con quelle sostanze nauseanti; troverai le boccette di mille colori con cui si trucca e vedrai colarle sul petto certi impiastri maleodoranti. Mi è capitato più volte di restarne disgustato.

Dominare il desiderio

Quando si avvicina l'ora notturna, così cara ai giovani, ed è il momento giusto per il sesso, se non vuoi ritrovarti rapito con tutto il corpo dal piacere che ti dà la tua donna, prima vai con un'altra. Non ti sarà difficile trovarne una con la quale dare sfogo al primo desiderio; il secondo sarà meno forte. Il piacere sessuale è tanto più intenso quanto più è stato atteso: al freddo si desidera il sole, al sole l'ombra, e l'acqua è gradita a chi ha sete.

Mi imbarazza dirlo, ma lo dirò: prendila nella posizione in cui meno vorrebbe essere posseduta e che giudica indecente. Non sarà difficile: poche sono le donne pronte ad ammetterlo, ma non c'è nulla che esse giudichino davvero sconveniente.

Ti consiglio anche di aprire tutte le finestre e far entrare la luce per notare le imperfezioni del suo corpo; e non appena avrete raggiunto l'orgasmo e tutto il piacere si sarà consumato, quando il corpo e la testa giacciono sfiniti e subentra quel breve momento di disgusto in cui vorresti non aver toccato nessuna donna e ti sembra che non ne toccherai mai più, proprio allora fissa nella mente ogni difetto della sua persona e osserva a lungo le parti del suo corpo che meno ti piacciono.

L'efficacia dei rimedi è soggettiva

Forse qualcuno dirà che questi sono rimedi da poco, e infatti è così, ma quelli che non giovano singolarmente possono giovare se applicati insieme. La piccola vipera può uccidere un toro enorme con un semplice morso e un cane, anche di media taglia, spesso tiene a bada un cinghiale. Tu fa' affidamento sulla quantità e metti insieme i diversi rimedi come fossero uno solo: da molte piccole cose si forma un grande mucchio.

Ma poiché i comportamenti sono tanti quante sono le persone, i miei consigli non possono esaurire tutti i modi possibili di disamorarsi. Quell'espediente che a te non dà alcun fastidio, magari a un altro apparirà vergognoso. Certi amori, appena nati, sono finiti all'improvviso perché l'amante aveva visto nude le parti intime del corpo; altri perché, alla fine del rapporto sessuale, mentre la ragazza si alzava dal letto, erano rimaste delle macchie ripugnanti sulle lenzuola insudiciate. State contenti, se sono cose come queste a turbarvi: le fiamme che incendiano i vostri cuori sono flebili. Ma prima o poi Amore tenderà l'arco con più forza, e allora, feriti, chiederete rimedi più efficaci.

C'è persino chi si è nascosto per guardare la ragazza mentre è in bagno, e ha visto cose che il buon gusto vieta di vedere. Gli dei mi aiutino a consigliare espedienti migliori! Ammesso che questi possano giovare, infatti, non bisogna tuttavia metterli in pratica.

Meglio non avere un solo amore

Il mio consiglio è di avere due amanti nello stesso periodo; se qualcuno riesce ad averne di più, il suo cuore è ancora più sicuro. Quando una mente divisa tra due donne si dedica a una di esse, un amore sottrae intensità all'altro. I grandi fiumi perdono la loro forza diramandosi alla foce. Un'ancora soltanto non basta a tenere ferme le navi e un solo amo non è sufficiente per pescare in limpide acque.

Chi ha saputo per tempo procurarsi un doppio piacere, domina fin da subito dall'alto della rocca come vincitore. Ma tu, che erroneamente hai dedicato tutto te stesso a un'unica donna, se vuoi smettere di soffrire, ora dovrai costringerti a trovare un nuovo amore.

Con la passione per Procri Minosse spense le fiamme d'amore per Pasifae, che dovette cedere il suo posto. Enone avrebbe tenuto Paride per sempre con sé, se non fosse stata superata da Elena. Al tiranno Tereo sarebbe piaciuta per sempre la moglie Progne, se non fosse stato sedotto dalla bellezza della cognata Filomele che teneva prigioniera. Ma perché indugio in esempi? Tutta questa folla di persone stanca. È evidente che ogni amore viene annullato da quello nuovo che subentra.

La sofferenza va dissimulata

Anche se a causa della passione bruci più che se fossi dentro l'Etna, alla tua donna devi mostrarti freddo; fingi di stare bene, affinché non si accorga se per caso stai male, e ridi quando vorresti piangere. Non ti dico che devi passare tutto d'un tratto dalla passione all'indifferenza, non sono così disumani i miei ordini; però simula quello che non c'è e fai credere che i tuoi tormenti si sono placati.

Spesso mi è capitato di fingere di dormire per evitare di bere, e mentre fingevo mi sono addormentato davvero. Ho riso per uno che simulava di essere innamorato e che alla fine ci è cascato, come un cacciatore preso nelle sue stesse reti. L'amore entra nella mente con l'abitudine e con l'abitudine ne esce. Chi è stato capace di fingersi guarito, guarirà.

Ti aveva detto di venire da lei; la sera dell'appuntamento ti presenti ma trovi la porta chiusa: sopporta. Non dire parole dolci, non rivolgere insulti all'uscio, non stendere il tuo fianco sulla dura soglia. Farà giorno. Nelle tue parole non vi sia traccia di recriminazione, nessun segno di sofferenza sul tuo volto. Nel vedere che non stai male, abbasserà subito l'orgoglio. Anche questo è un regalo che ti fa la mia arte.

Fare i preziosi

Non credere di poter fissare una data entro la quale disamorarti: spesso il cavallo è recalcitrante alle briglie. E non svelare il tuo piano: va a buon fine solo ciò che non viene dichiarato. L'uccello scansa le reti nascoste male.

Toglile il piacere e la possibilità di umiliarti: sii più orgoglioso e lei lo sarà di meno. Se ti lascia la porta aperta, passa oltre. Ti dà un appuntamento? Dubita di poterci essere.

Non sarà difficile sopportare il sacrificio: se ti sembrerà di non saper resistere, puoi rapidamente trovare soddisfazione in un'altra ragazza disponibile.

Qualcuno dirà che questi consigli sono difficili da mettere in pratica. Va bene, sarò più accomodante. Le persone sono diverse e dunque diversi devono essere i rimedi. Mille sono i tipi di mali, mille saranno le cure. Certi corpi a stento vengono curati dal bisturi, a molti altri è stato sufficiente bere un'erba medicinale.

Saziarsi d'amore

Sei troppo fragile? Non riesci ad allontanarti da lei e sei tenuto prigioniero da Amore crudele che preme il tuo collo con il piede? Allora rinuncia a lottare. Lascia che i venti spingano le tue vele e, laddove le onde ti portano, vada anche il tuo remo.

Questa tua sete, a causa della quale bruci perdutamente, deve essere appagata. Mi arrendo: bevi pure in mezzo al fiume. Ma bevi anche più di quanto la tua gola richieda. Fa' traboccare l'acqua dalla tua bocca piena. Goditi la tua donna ininterrottamente, senza che nessuno te lo vieti. Lascia che ti sottragga i giorni e le notti. Cerca di essere sazio del tuo male. La sazietà è un altro modo per disamorarsi.

Anche quando credi di averne abbastanza, rimani, finché sarai colmo di lei, fino a che l'eccesso di amore eliminerà l'amore e non ne potrai più di rimanere in una casa che ormai ti nausea.

E ricorda che la gelosia prolunga l'amore. Se vuoi disamorarti, smetti di temere il tradimento. Chi teme che la propria donna sia anche di altri e che qualcuno gliela possa portare via non guarirà mai, neppure con le arti mediche di Macaone. Tra due figli di solito una madre ama di più quello che è partito per la guerra e che potrebbe non fare ritorno.

Pensare ai problemi

Ognuno rivolga l'attenzione ai propri problemi: l'amore cadrà. A chi più, a chi meno, il dio ne ha assegnati a tutti. C'è chi teme il foro e le scadenze di fine mese perché è pieno di debiti; chi, avendo un padre severo, ha sempre davanti agli occhi il suo sguardo di rimprovero anche se tutto va bene; chi vive povero con una moglie priva di dote che ritiene responsabile della propria sventura.

Hai un bel podere con una vigna fertile che produce ottimo vino? Preoccupati che l'uva non si secchi sul nascere. Uno ha la nave che deve rientrare in porto: si immagini il mare in tempesta e i rischi che corre a causa del difficile approdo. Pensa a tuo figlio soldato, a tua figlia ancora da sposare. Chi non ha molteplici ragioni per preoccuparsi? Per riuscire a odiare la tua donna, Paride, avresti dovuto avere davanti agli occhi i funerali dei tuoi fratelli.

La solitudine acuisce il dolore

A chi soffre per amore i luoghi solitari fanno male: evitali. Perché ti isoli? In mezzo alla gente sarai più sicuro. Non hai bisogno di isolamento: l'isolamento accresce le passioni. La folla ti sarà di aiuto. Sarai triste, se sarai solo; l'immagine della donna che ti manca si fisserà nei tuoi occhi come se l'avessi davanti a te. Per questo si è più tristi di notte che di giorno: è lontana la confusione delle persone che distrae dal dolore.

Non evitare la conversazione con gli altri, non tenere la porta chiusa, non nascondere il tuo volto piangente nell'oscurità. Cerca sempre di avere un amico che si curi di te, come Pilade con Oreste; in questi casi non è di poco conto il conforto dell'amicizia.

Che cos'altro, se non l'isolamento nei boschi, spinse alla morte Fillide abbandonata? La causa della sua morte è chiara: la solitudine. Avanzava, come sono solite fare le baccanti, con i capelli sciolti, e ora alzava lo sguardo quanto più poteva sul vasto mare, ora lo abbassava, stanca, sulla spiaggia sabbiosa. «Perfido Demofoonte!» gridava rivolta alle onde che non potevano risponderle, e le sue parole erano spezzate dai singulti. C'era uno stretto sentiero, scuro per l'ombra degli alberi, dove si era incamminata spesso per arrivare al mare. Era la nona volta che lo percorreva, l'infelice: "Mi avrà vista!", diceva fra sé, e, fattasi pallida, osservò la propria cintura; poi volse lo sguardo ai rami. Esitò e per un attimo rifuggì da ciò che aveva osato pensare. Ebbe paura, ma portò le dita al collo.

Principessa della Tracia, vorrei che non fossi stata sola! Il bosco non ti avrebbe compianta abbassando le fronde. E voi, uomini che soffrite per amore di una donna e donne tradite da un uomo: l'esempio di Fillide vi tenga lontani dai luoghi isolati.

L'amore è contagioso

Un giovane, che aveva seguito tutte le mie indicazioni ed era quasi giunto sano e salvo in porto, ebbe una ricaduta quando gli capitò di trovarsi in mezzo a degli innamorati: subito Amore raccolse nuovamente le frecce che ormai aveva lasciato cadere.

Se qualcuno ama ancora e non vorrebbe amare più, faccia in modo di evitare il contatto con l'amore. Anche le pecore sane vengono isolate da quelle ammalate. Guardando le vittime dell'amore, gli occhi ne diventano vittime a loro volta. Il contagio può nuocere in molti modi ai corpi.

Su un terreno arido e secco può accadere che sgorghi dell'acqua da un torrente che scorre poco distante. Così anche l'amore può sgorgare nuovamente, per quanto tu lo abbia soffocato, se non ti tieni lontano da chi è in balia dell'amore. Siamo tutti molto bravi a ricadere in questo errore.

Cambiare ambiente

Un altro giovane che, in modo simile, era ormai quasi guarito, fu rovinato dalla vicinanza delle abitazioni: non resse all'incontro casuale con la donna che aveva lasciato. La cicatrice non ancora rimarginata si riaprì e l'effetto dei miei rimedi fu in un attimo vanificato.

Stando a casa non ci si difende dal fuoco che divampa nella casa vicina. È opportuno tenersi lontano dagli stessi posti. Non dovrai andare a passeggio sotto il portico dove è solita passeggiare lei, e non dovrai continuare ad avere con lei impegni in comune. Che senso ha riscaldare un cuore ormai tiepido con dei ricordi? Devi frequentare un ambiente diverso, se possibile.

Trattenersi di fronte a una mensa imbandita, quando si ha fame, è difficile; vedere dell'acqua che zampilla accresce la sete. Non è facile tenere fermo un toro che ha visto una giovenca, e il destriero impetuoso nitrisce sempre se vede delle cavalle.

Inoltre non è sufficiente evitare l'amata: dovrai evitare anche la madre, la sorella, la confidente e chiunque faccia parte della sua vita. E se incontri qualcuno che ti porta i suoi saluti, non chiedere che cosa faccia, anche se ardi dalla voglia di saperlo. Resisti: sarai contento di aver tenuto a freno la lingua.

L'amore si esaurisce lentamente

Tu che vai spiegando i motivi per cui è finita la tua storia d'amore ed elenchi le molte ragioni che avevi per lamentarti della tua donna, smetti di lagnarti: ci si vendica di più tacendo. Un po' alla volta lei sparirà dai tuoi desideri. Faresti meglio a tacere, piuttosto che ripetere continuamente che hai smesso di amarla: chi dice troppo spesso "Non l'amo più", dimostra di amare ancora.

È meno pericoloso il fuoco che si estingue un po' alla volta di quello che si spegne improvvisamente. Smetti gradualmente anche tu: sarai più sicuro. L'amore si esaurisce senza che ci si renda conto: deve dissolversi nell'aria, evanescente, attraverso passaggi graduali.

È sbagliato provare odio per la donna che si è amata:

questa conclusione va bene per animi feroci. L'indifferenza è più che sufficiente. Chi fa concludere un amore nell'odio, o ama ancora o si condanna all'infelicità. È squallido che un uomo e una donna, uniti fino a poco prima, improvvisamente diventino due nemici.

Come affrontare una separazione

Spesso gli uomini citano in giudizio donne che amano ancora: quando non c'è nessuna lite, l'amore, libero da ogni sollecitazione, gradualmente scompare. Ricordo un giovane che ho assistito in tribunale. La donna rimaneva fuori, nella lettiga. Si sentivano risuonare parole terribili, piene di crudeli minacce. Per farla comparire in giudizio lui gridava: «Scendi dalla lettiga!». Lei scese. Appena la vide, egli rimase muto: gli caddero le braccia e tutti i documenti che teneva in mano. Corse ad abbracciarla e le disse: «Rinuncio alla causa!».

È più sicuro e più opportuno separarsi senza contrasti. Non bisogna passare dal letto al tribunale. Si tenga pure i doni che le avevi fatto: il danno è comunque minore del guadagno.

Se, in seguito, il caso vi farà incontrare, non dimenticarti di usare le armi che ti sto offrendo. È in quel momento che ne avrai bisogno; dovrai combattere. Ricordati il rivale, la porta chiusa, le sue false promesse con tanto di giuramento agli dei.

Evitare i ricordi

Evita di rileggere le lettere che ti ha scritto quando era innamorata e che avevi conservato. Rileggere queste cose commuove anche i cuori più duri. Getta tutto nel fuoco, anche se non vuoi, e commenta: “Questo rogo bruci la mia passione!”.

Se puoi, sbarazzati di tutti i suoi ritratti: che cosa te ne fai di un’immagine muta? E anche i luoghi possono fare male. Tieniti lontano dai posti dove vi siete amati: sono un sicuro motivo di dolore. “È stata qui; qui l’ho amata; in quel letto abbiamo dormito; qui mi ha fatto godere tutta una notte!” Con i ricordi l’amore si riaccende e la ferita si apre nuovamente; chi è malato soffre anche per una cosa insignificante.

Il marinaio esulta dopo che con cautela ha superato Scilla. Tu evita i luoghi che ti sono stati molto cari: per te sono come i pericolosi fondali delle Sirti, come gli scogli degli Acroceraunі o come la mostruosa Cariddi che vomita le acque.

Rimedi apparenti

Non frequentare gli spettacoli teatrali finché l’amore non avrà lasciato completamente libero il tuo cuore. Il suono della cetra, del flauto e della lira, le voci melodiose e i movimenti ritmici delle danze snervano l’animo. A teatro si assiste frequentemente a scene che riguardano innamorati; ti troveresti di fronte a un attore che ti ricorda quello che stai evitando e quello che ancora vorresti.

Devo essere sincero: anche i dolci versi dei poeti vanno evitati. Mi tocca bandire la mia stessa arte. Evita Callimaco, che non è affatto un nemico di Amore, e anche Filita di Cos ti può far male. Saffo mi fece essere ancora più tenero con un'amante e i versi di Archiloco non mi resero affatto più rigido. Chi mai ha potuto leggere senza farsi coinvolgere le poesie di Tibullo, o quelle di Properzio, a cui l'amata Cinzia ispirò l'intera opera? Chi potrebbe restare inflessibile dopo aver letto i versi di Cornelio Gallo? E non accade qualcosa di simile anche con la mia poesia?

Vuoi sapere cosa penso dei doni di Bacco? Ti posso rispondere subito: il vino spinge la mente verso i piaceri dell'amore, a meno che tu non beva talmente tanto da restarne stordito. Il vento può accrescere o spegnere un fuoco: se è leggero lo alimenta, se è impetuoso lo spegne. E dunque nessuna ubriachezza, oppure così tanta da scacciare ogni triste pensiero.

È difficile rinunciare a illudersi

Un'ultima cosa che non devi fare è convincerti che sta con un altro: pensa piuttosto che dorme sola nel suo letto. Gli dei facciano in modo che tu possa passare davanti alla porta della donna che hai perso senza che i tuoi piedi indugino. Ce la farai, se terrai duro: sarà il momento di accelerare, il momento di spronare il cavallo. Pensa che quella casa sia lo scoglio che ospita i Lotofagi o le Sirene: aggiungi le vele ai tuoi remi.

E dovresti smettere di ritenere un nemico quello di cui ti lamentavi credendolo un rivale; per quanto rimanga un po' di odio, salutalo se lo incontri: quando potrai anche baciarlo, sarai completamente guarito.

Inoltre non andare in giro tutto curato, con i capelli perfetti e l'abito elegante: sembrerà che speri di incontrarla. Non devi più preoccuparti di piacere a una donna che ormai non ti appartiene: considerala una tra le tante.

Sai che cosa ostacola più di tutto i nostri sforzi? Te lo dirò, benché ognuno abbia bisogno di farne esperienza: indugiamo perché speriamo sempre di poter essere amati ancora. Ciascuno di noi è indulgente con se stesso. Abbiamo tutti bisogno di illuderci.

Indice